酒店服务与管理专业基于工作过程系统化系列教材

编委会

Restaurant Service

餐厅服务

主编　李娉婷　林文婷

暨南大學出版社
JINAN UNIVERSITY PRESS

中国·广州

图书在版编目（CIP）数据

餐厅服务/李娉婷，林文婷主编．—广州：暨南大学出版社，2014.5
（酒店服务与管理专业基于工作过程系统化系列教材）
ISBN 978-7-5668-0930-8

Ⅰ.①餐… Ⅱ.①李… ②林… Ⅲ.①饮食业—商业服务—技术培训—教材
Ⅳ.①F719.3

中国版本图书馆 CIP 数据核字（2014）第 031293 号

出版发行：暨南大学出版社

地　址：中国广州暨南大学
电　话：总编室（8620）85221601
　　　　营销部（8620）85225284　85228291　85228292（邮购）
传　真：（8620）85221583（办公室）　85223774（营销部）
邮　编：510630
网　址：http://www.jnupress.com　http://press.jnu.edu.cn

排　版：广州市天河星辰文化发展部照排中心
印　刷：广东广州日报传媒股份有限公司印务分公司

开　本：787mm×1092mm　1/16
印　张：7.25
字　数：174 千
版　次：2014 年 5 月第 1 版
印　次：2014 年 5 月第 1 次

定　价：28.00 元

总序

为了培养具备综合职业能力的高技能酒店服务与管理人才，编者以“工学结合”为指导思想，引入国外先进职教理念，深入广州地区酒店行业及企业实地考察、访谈和调研，以酒店岗位从业人员的实际工作任务为主线，依托校企合作，共同对酒店服务与管理人才培养模式、培养目标、职业能力和课程设置进行分析及定位，以典型工作任务为载体，根据典型工作任务和工作过程设计学习情境，按照工作过程的顺序和学生自主学习的要求进行教材内容的编写，创新并开发了酒店服务与管理专业基于工作过程系统化系列教材。本系列教材共12本，分别是：《餐厅服务》、《客房清洁》、《楼层接待服务》、《前厅服务》、《菜肴与酒水推销》、《酒吧服务》、《酒店英语》、《酒店服务心理》、《酒店服务礼仪》、《酒店信息管理》、《餐厅技能训练》、《客房技能训练》。

本系列教材由一批学术水平高、教学经验丰富、课程开发能力强的酒店专业教师与企业骨干共同开发而成。在教材组织编写工作中，我们坚持以下原则：

一是从职业岗位群分析入手，根据酒店对服务人员的要求和相关的国家职业标准，科学确定教材内容，使教材具有贴近酒店一线从业人员岗位实际工作要求的鲜明特色。

二是根据中等职业技术院校酒店服务与管理专业的教学特点，合理编排教材内容，并以工作情境为切入点，采用任务驱动的编写思路，使教材具有适应教学和易于学习的鲜明特色。

三是注重将酒店企业的新理念、新方法及综合职业能力要求编入教材，使教材具有与行业发展同步的鲜明特色，不仅适用于酒店服务与管理专业的教学，也适用于酒店行业、企业员工的职业培训。

上述教材的编写得到了广州首旅建国酒店有限公司、广州市嘉逸国际酒店有限公司、广东大厦等校企合作企业的大力支持，教材的编审人员做了大量的工作，在此表示衷心的感谢。同时，恳切希望广大读者对教材提出宝贵的意见和建议，以便修订时加以完善。

编委会
2014 年 3 月

前言

《餐厅服务》是酒店服务与管理专业基于工作过程系统化的核心教材之一。教材以国家职业标准为依据，以综合职业培养为目标，根据典型工作任务和工作过程而编写。其特点是以酒店服务与管理典型工作任务为载体，以学习者为中心，按照工作过程的顺序来设计学习情境和教学活动。

本教材内容由“校园多功能餐厅布置”、“节日散客接待服务”、“生日宴会接待服务”三大学习情境构成。其中，每个学习情境均包含“学习目标”、“学习情境描述”、“学习情境分析”、“知识链接”、“技能训练”、“任务实施”、“评价反馈”、“思考与练习”八项活动，学习目标明确，针对性强，强调学以致用，使学生在学习中体验工作责任和经验，在工作中学习知识和技能，促进其对酒店职业专业知识的建构。本书融“教、学、做”为一体，教学模式新颖，内容丰富，既适用于酒店服务与管理专业的教学，也适用于酒店行业、企业员工专业技能的培训。

在本教材的编写过程中，承蒙广州首旅建国酒店有限公司、广州市嘉逸国际酒店有限公司、广东大厦等多家校企合作企业的大力支持，暨南大学出版社对本书的出版也给予了具体的指导和帮助，对此我们深表感谢。

由于时间仓促和水平有限，教材中难免存在疏漏之处，恳请同行和读者予以指正。

编　者

2014 年 1 月

Contents

目录

Contents

目录

学习情境一

园多功能餐厅布置

●学习目标

1. 整理餐厅卫生；
2. 会区分餐厅类型，并根据餐厅服务方式准备用具；
3. 做好餐厅台面装饰摆放；
4. 在小组协作下完成接待餐厅的台型设计与台面布置。

学习情境描述

为方便和满足广大教职工需求，学校拟在校园多功能餐厅开展一系列接待活动。请您根据以下情境以及客人的特点、接待性质，拟订餐厅布置方案，并做好相关场景布置。

（1）张老师的婚宴接待餐桌布置。

（2）平安夜圣诞节自助餐餐桌布置。

（3）情人节当天的晚餐餐桌布置。

（4）大堂咖啡厅桌面布置。

学习情境分析

餐厅是通过出售服务、菜肴、饮品来满足宾客饮食需求的场所，因顾客用餐的目的不同，所以餐厅环境布置得好坏是餐饮服务质量的直接体现。在餐厅布置这一环节，服务员要明确服务任务，整理餐厅卫生，准备好用餐所需要的餐具、酒具及各类服务用品，并做好餐厅台面的装饰摆放等。

知识链接

在餐厅服务中，餐厅布置工作主要包括三个方面：整理餐厅卫生；准备营业所需物品；做好餐厅台面装饰摆放。

一、整理餐厅卫生

餐厅清洁卫生是提高餐厅服务质量的基础和条件。搞好餐厅卫生，既可美化环境，又可增强客人的就餐兴趣。

（1）定期做好空调过滤网的清洗、地毯的清洗、地板或花岗岩（大理石）地面的打蜡等卫生工作。

(2) 利用餐厅的营业间隙或晚间营业结束后的时间进行餐厅的日常除尘（见图1－1）。一般应遵循从上到下、从里到外、环形清扫的原则。

图1－1　餐厅的日常除尘

(3) 全面除尘后应用吸尘器（地毯）或尘推（地板或花岗岩地面）除尘，并喷洒香水或空气清新剂，确保餐厅空气的清新。

(4) 不同的部位应使用不同的抹布除尘，一般是先湿擦，后干擦。整个餐厅的清洁卫生工作应在开餐前一小时左右完成。

(5) 应特别注意餐厅附近公共卫生间的清扫。具体要求为地面洁净，便器无污物、无堵塞，洗手池台面干净、镜子光亮，卫生用品供应充足等。

(6) 搞好餐厅的清洁卫生后，应将餐桌椅和工作台摆放整齐，横竖成行，以营造整洁大方、舒适美观的进餐环境。

(7) 搞好餐厅绿化环境布置（见图1－2）。餐厅的绿化布置要根据餐厅的特色进行合理的摆设，摆设的植物应与餐厅整体的风格一致，以达到和谐完美、取悦客人的效果。

图 1－2　餐厅绿化环境布置

除了以上内容外，还应做好室温的调节、音响的设置等工作。环境布置与摆台，实际上是饭店餐饮文化的具体体现。饭店的物质条件、气氛与卫生、安全，餐厅的环境、温度、音乐背景，餐桌的布置，服务员的气质、服饰、礼貌、服务的技巧等综合因素，构成了各种文化氛围，显示了餐前准备程序的重要性。因此，餐前准备的过程，也是一个完善餐饮文化和体现饭店文明的过程。

二、准备营业所需物品

（1）准备好宾客就餐所需的餐具，包括杯、碟、碗、筷、匙、牙签等。

（2）准备各种服务用品，如托盘、开瓶器具、点菜单（根据当天接待任务，将零点菜单、当日菜单、套餐菜单等准备好）、笔、服务毛巾等。

（3）准备各种调味品、茶叶、洗手盆（小）、烟灰缸、小毛巾等开餐物品。

（4）准备好酒水、饮料，并检查其质量。

（5）收款准备，如账单、账夹、菜单价格表等，同时备足零钞分别摆放。

（6）其他。如衣帽间服务员应根据客流量及季节的变化准备足够的衣架、挂钩、存衣牌等，以便提供优质的衣帽服务（见图 1－3、图 1－4、图 1－5）。

图 1－3　中餐厅常见的餐用具

图 1－4　西餐厅常见的餐用具

图 1－5　自助餐厅常见的餐用具

三、做好餐厅台面装饰摆放

餐台是餐厅为客人提供服务的主要服务设施之一。餐台的布置称为摆台，是将餐具、酒具以及辅助用品按照一定的规格整齐美观地铺设在餐桌上的操作过程，包括餐台排列、铺台布、席位安排、餐具摆放等。摆台要求做到清洁卫生、整齐有序、各就各位、摆放得当、方便就餐、配套齐全。这样既可以保证用餐环境的方便舒适，又可以给就餐的客人以赏心悦目之感，创造一个温馨舒适的就餐环境。摆台在日常的餐饮工作中分为中餐摆台和西餐摆台。

（一）中餐摆台

中餐摆台一般分为零点摆台和宴会摆台两种。零点摆台以小餐桌为主，宴会摆台一般以大圆桌为主。一张布置妥当的餐桌必须事先准备好各种餐具用品，主要按照餐厅的规格和就餐的需要选择相应的餐具来摆设。

1. 中餐零点摆台

（1）中餐零点摆台用具。

1）餐碟：又称为骨碟，主要用途是盛装餐后的骨头和碎屑等。在中式餐台摆台时也起到定位作用。

2）筷子：以材质分种类很多，有木筷、银筷、象牙筷等。

3）筷架：用来放置筷子，可以有效提高就餐规格，保证筷子更加清洁卫生。有瓷制、塑胶、金属等各种材质，造型各异。

4）汤匙：瓷制小汤匙（调羹）一般放在汤碗中。而金属长把汤匙或大瓷汤匙一般用作公用勺，摆放在桌面的架上。

5）汤碗：专门用来盛汤或者盛放带汤汁的菜肴。

6）味碟：中餐特有的餐具，用来为客人个人盛装调味汁的小瓷碟。

7）杯子：包括瓷制的茶杯和玻璃制的酒杯等。

8）转台：适用于多人就餐的零点餐或宴会的桌面，方便客人食用菜品，一般有玻璃和木质等材质。

9）其他：根据不同餐饮企业的要求，桌面上可能还会添加其他东西，如烟灰缸、调味瓶、牙签筒、花瓶、台号、菜单等。

中餐零点摆台多用于零点散客或团体包桌，其餐台常使用小方台或者小圆桌，没有主次之分。客人在进餐前放好各种调味品，按照座位摆好餐具，餐具的多少可以根据当餐的菜单要求而定。

（2）中餐零点摆台基本要求（如图 1 -6 所示）。

1）台布铺设要整洁美观，符合餐厅的要求。

2）餐碟摆放于座位正中，距离桌边 1.5 厘米左右，约一指宽。

3）汤碗与小汤匙应该一起摆在餐碟前 1 厘米左右的地方。

4）筷子应该位于餐碟的右侧，距离桌边一指宽。

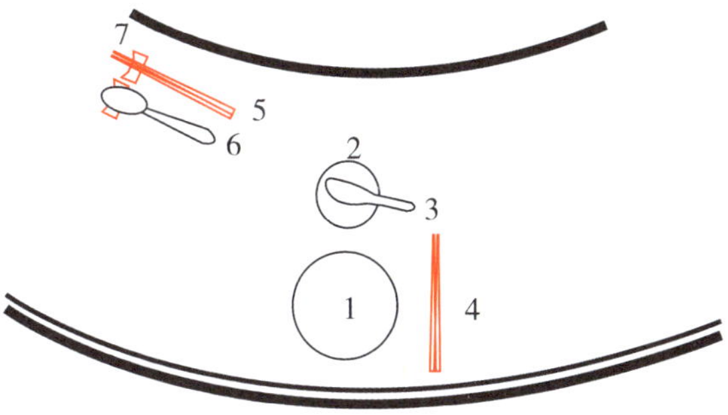

1—餐碟 2—汤碗 3—小汤匙 4—筷子 5—公筷 6—公勺 7—筷架

图 1-6 中餐零点摆台

(3) 中餐零点摆台常见操作流程。

1) 摆台准备。

①洗净双手，准备各类餐具、玻璃器具、台布、餐巾或餐巾纸等。

②检查餐具、玻璃器具等是否有损坏、污迹及手印，是否洁净光亮。

③检查台布、餐巾是否干净，是否有损坏、皱纹。

④检查调味品及垫碟是否齐全、洁净。

2) 摆餐椅。

① 4 人桌，正、副主位方向各摆 2 位。采取十字对称法。

② 6 人桌，正、副主位方向各摆 1 位，两边各摆 2 位。采用一字对中，左右对称法。

③ 8 人桌，正、副主位方向各摆 2 位，两边各摆 2 位。采用十字对中，两两对称法。

④ 10 人桌，正、副主位方向各摆 3 位，两边各摆 2 位。采用一字对中，左右对称法。

⑤ 12 人桌，正、副主位方向各摆 3 位，两边各摆 3 位。采用十字对中，两两相间法。

3) 上转盘。

8 人以上桌面须摆转盘，并套上转盘布罩。转盘与餐桌同圆心。

4) 摆餐具。

①摆餐碟。餐碟摆在离桌边 1.5 厘米处，各餐碟之间距离相等。

②摆汤碗、汤匙。汤碗摆在餐碟前面的左侧，相距 1 厘米；汤匙摆在汤碗上，匙柄向右。

③摆筷子、筷架。筷架横摆在餐碟右边，距汤碗 1 厘米；筷子垂直于筷架摆放，筷子靠桌边的一端与桌边线距离 1.5 厘米。

④水杯摆在汤碗正前方，间距为 1 厘米。

⑤折好餐巾花摆在餐碟上，餐巾花正面朝转盘。

⑥摆烟灰缸、牙签筒（若摆牙签，则放在筷子与骨碟之间，其尾部距桌边 3 厘米）、调味架、花瓶、台号牌。花瓶摆在转盘中央，台号牌摆在花瓶边。牙签袋摆在餐碟右边，字面向上。

2. 中餐宴会摆台

(1) 宴会的场地布置。

宴会的接待规格较高，形式较为隆重，中餐的宴会多使用大圆桌。由于宴会的人数较多，应根据餐厅的形状和大小以及赴宴的人数安排场地，桌与桌之间的距离以方便服务人员服务为宜。主桌应该位于面向餐厅正门的位置，可以纵观整个餐厅或者宴会厅。一定要将主宾入席和退席的通道设为主行道，应比其他的通道宽。不同桌数的布局方法应有所区别，但一定要做到台布铺置一条线、桌腿一条线、花瓶一条线，主桌突出，各桌相互照应。宴会的场地布置如图 1 －7 所示。

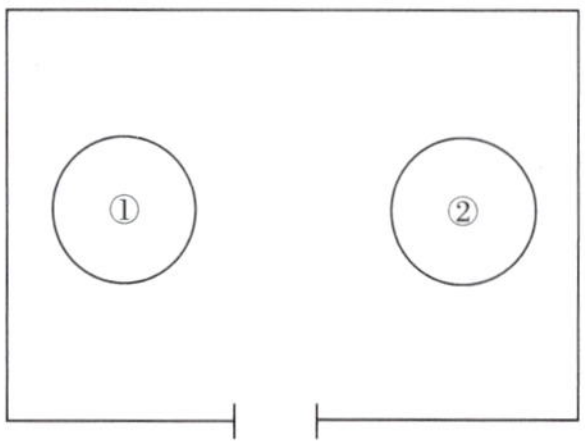

桌次排位之一

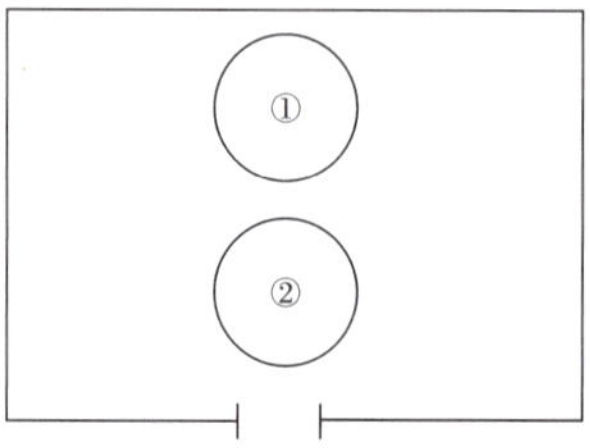

桌次排位之二

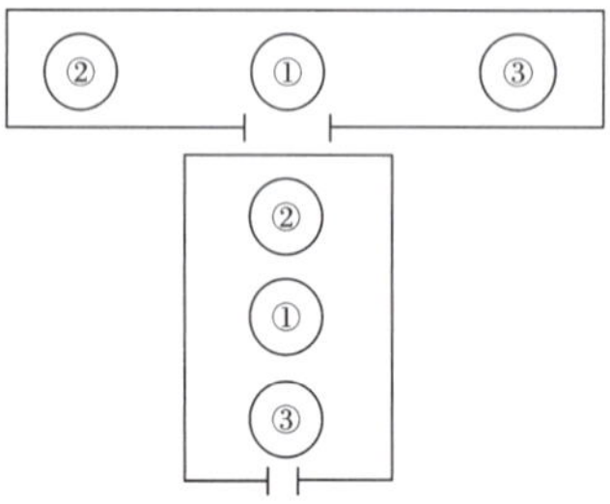

桌次排位之三

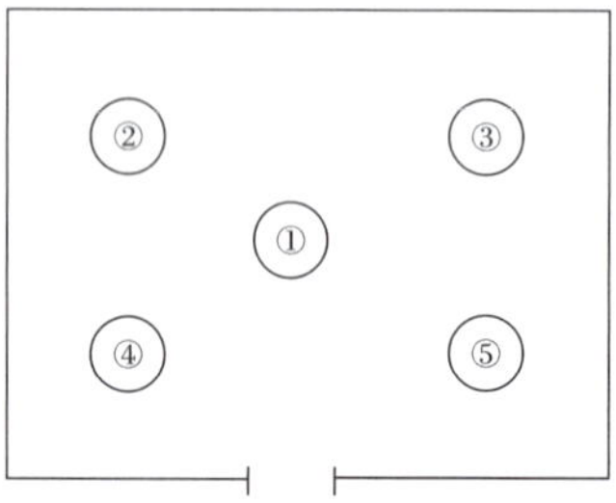

桌次排位之四

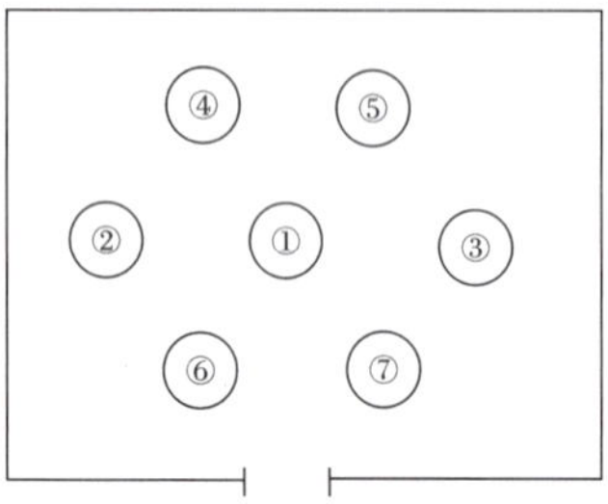

桌次排位之五

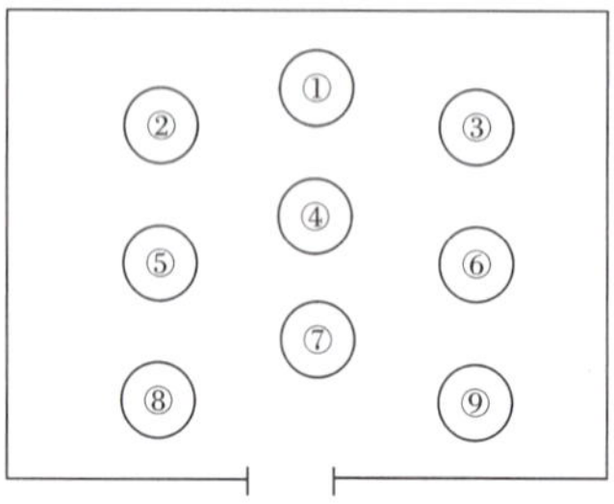

桌次排位之六

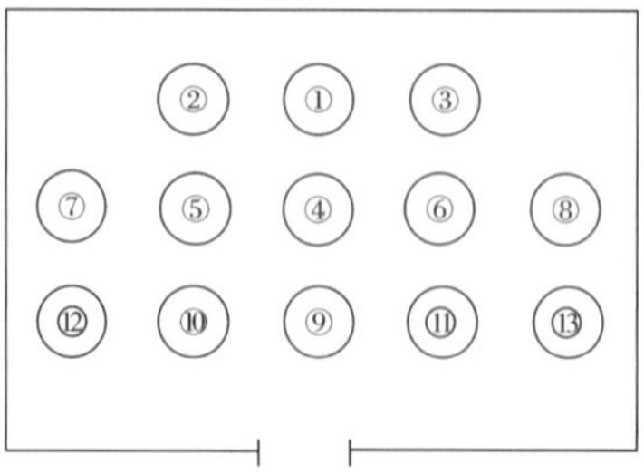

桌次排位之七

图 1 －7　宴会的场地布置

（2）中餐宴会座次安排。

在宴会上，席次具体是指同一张餐桌上席位的高低。中餐宴会上席次安排的具体规则有四：面门为主；主宾居右；好事成双；各桌同向。中餐宴会座次安排如图1－8所示。

中餐宴会通常都有主人、副主人、主宾、副主宾及其他陪同人员，各自都有固定的座次安排。

1）背对着餐厅重点装饰面、面向众席的是上首，主人在此入座，副主人坐在主人对面，主宾坐于主人右侧，副主宾坐于副主人右侧。

2）主人与主宾双方携带夫人入席的，主宾夫人坐在主人位置的左侧，主人夫人坐在主宾夫人的左侧。其他位次不变。

3）当客人在餐厅举行高规格的中餐宴会时，餐厅员工要协助客方承办人按位次大小排好座次，或将来宾姓名按位次高低绘制在平面图上，张贴在餐厅入口处，以便引导宾客入席就座。

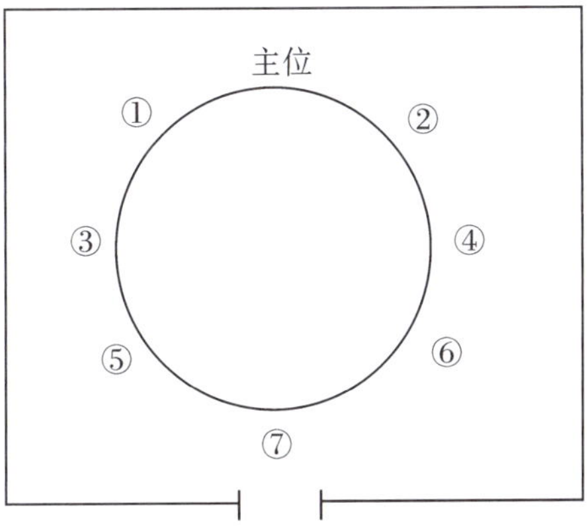

席次排位之一

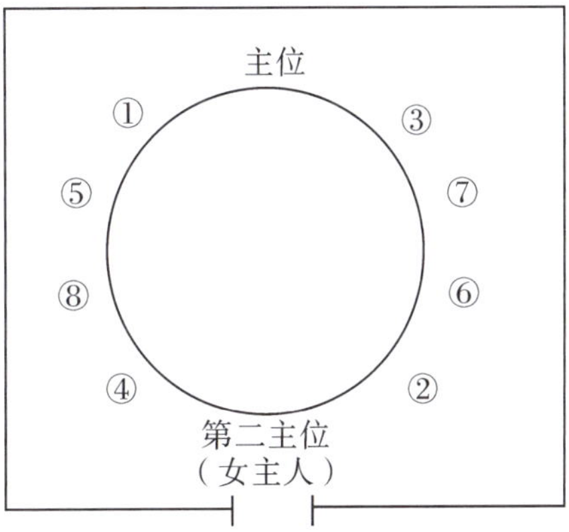

席次排位之二

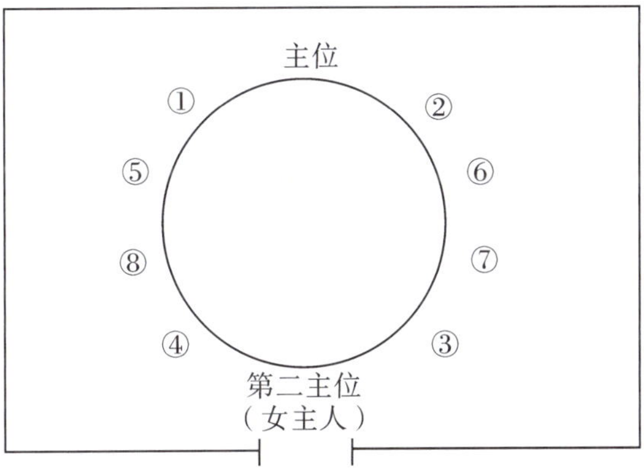

席次排位之三

图1－8　中餐宴会座次安排

（3）中餐宴会的餐具摆设。

中餐宴会用餐具摆台与中餐零点摆台类似。摆台位置如图 1－9 所示。

图 1－9　常见中餐宴会摆台

个人席位间摆放餐具的宽度不应窄于 40 厘米或者餐椅宽度。在摆放餐具时如果宴会人数众多，餐具较多，也可以采用多人流水作业的方式摆放餐具，一个人摆一种，依次摆放。

在摆放餐具时还应注意以下问题：小汤匙应该放入汤碗或者调味碟内；已消毒的筷子应该用筷套封装；桌面上使用的花瓶或者台花，其高度应以不阻挡视线为宜；主位的餐巾花应该比其他座位的餐巾花略微高一点；每个餐桌的餐具应该多备 20%，以备使用。

中餐宴会摆台服务规程如下：

1）摆台准备。

①洗净双手。

②领取各类餐具、台布、餐巾、台裙、转盘等。

③用干净的布擦亮餐具以及各种玻璃器具，要求无任何破损、污迹、手印，洁净光亮。

④检查台布、餐巾、台裙是否干净，是否有皱纹、小洞、油迹等，不符合要求的应立即更换。

⑤洗净所有调味品瓶及垫底的小碟，重新装好。

⑥餐巾折花。

2）摆台顺序（从主位开始，顺时针方向）：铺台布→骨碟定位→摆放餐具→摆放杯具→餐巾折花→摆放其他用品。

①铺台布（见图 1－10）。

步骤一：拉开椅子

步骤二：打开台布

步骤三：铺台面

步骤四：台布的十字中点要与台的中心位置重叠

步骤五：上转盘

步骤六：四角自然下垂

步骤七：两椅复原

图 1－10　铺台布

先把十把椅子按 2 +3 +2 +3 的形式围摆在餐桌的四周。主位方为 3 把椅子。站在台的一侧，拉开两把椅子，站在两把椅子中间，用力将台布抖开，再用力将台布向前推出或撤出，然后向自身拉回。台布的十字中点要与台的中心位置重叠，四角下垂均等，台布的正面朝上。

②骨碟定位（见图 1－11）。

骨碟摆放在席位的正前方，距离桌边 1.5 厘米。骨碟定位先从主位开始，然后按照顺时针方向进行，摆好后的骨碟间距均匀，对面的骨碟通过圆桌中心成一条直线。骨碟摆放时应拿边沿。

步骤一：骨碟装盘

步骤二：骨碟的拿法

步骤三：骨碟的摆放

图 1－11　骨碟定位

③摆放餐具。

把要用的餐具整齐地排列放在盘内（见图 1－12），左手托盘，右手摆放餐具。拿餐具时要注意手法的卫生，汤碗拿外沿，汤匙拿匙把，水杯拿 1/3 以下（见图 1－13）。餐具摆放的顺序见图 1－14。

A. 汤碗：摆放在骨碟的中位线左上方，与骨碟顶部相距 1 厘米。

B. 汤匙：摆放在汤碗内，匙心向上，匙把向左。

C. 味碟：摆放在骨碟中位线右上方，与骨碟顶部相距 1 厘米，与汤碗相距 1 厘米。

D. 筷架：摆放在味碟的右边，与味碟相距 1 厘米，其中心与汤碗、味碟的中心成一条直线。

E. 筷子：摆放在筷架靠右（即筷架的外侧），尾部与台边相距 1.5 厘米。

F. 牙签：摆放在银匙与筷子之间，与台边相距 3 厘米。

有些餐厅会摆银匙：摆放在筷架靠左（即筷架的内侧），尾部与台边相距 3 厘米。

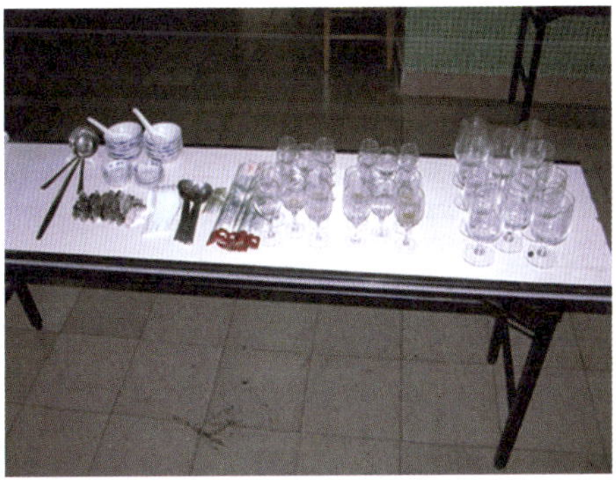

备餐桌上的餐具

用于摆台整理到托盘的餐具（一次）

用于摆台整理到托盘的餐具（分装 1）

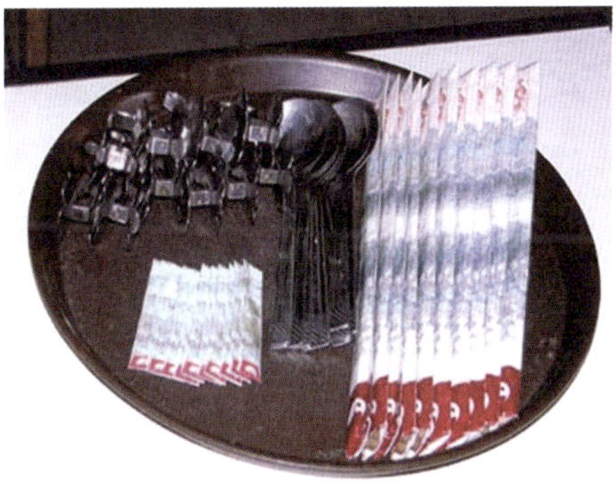

用于摆台整理到托盘的餐具（分装 2）

图 1－12 **摆台整理**

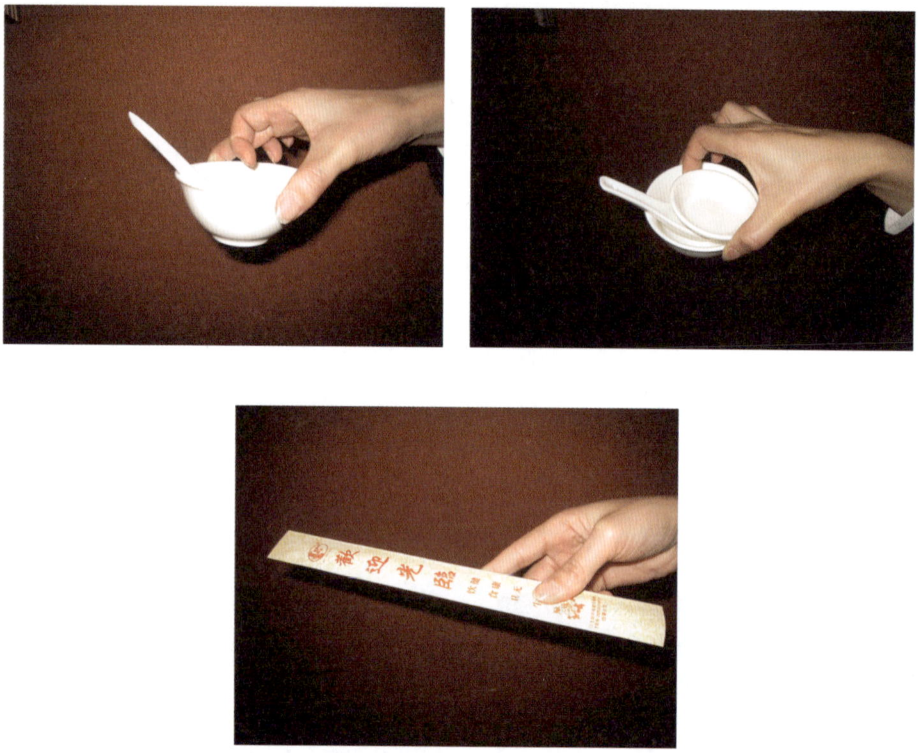

图 1－13　拿餐具的手法

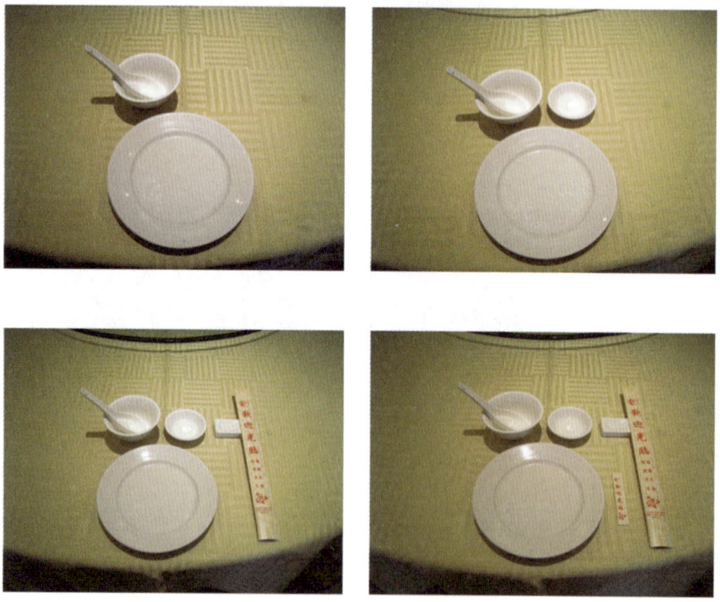

图 1－14　餐具摆放的顺序

④摆放杯具（见图 1－15）。

三只杯圆心成一条直线，先摆红酒杯，再摆白酒杯，最后才摆水杯。

A. 红酒杯：摆放在骨碟的中位线上方。

B. 白酒杯：摆放在味碟的上方，与味碟相距 1 厘米。

C. 水杯：摆放在汤碗的上方，与汤碗相距 1 厘米。

图 1－15　摆放杯具

⑤餐巾折花（十种不同的杯花，折法参考技能训练）。

将叠好的杯花摆在水杯中，注意突出主人和主宾的杯花。

⑥摆放其他用品。

A. 摆餐桌花（放在转盘中心）（见图 1－16）。

B. 把公勺等物放在上菜位（副主位右边第 1、2 位客人之间）（见图 1－17）。

图 1－16　摆餐桌花

图 1－17　摆公勺

（二）西餐摆台

1. 西餐摆台用具

西餐摆台使用大量的金属餐具，其中餐刀、餐叉和汤勺的用途最广。西餐由于餐式和使用方式的不同，餐具的形状和大小也不相同。按规格来分，主菜刀叉最大，鱼刀、鱼叉次之，甜品糕点叉、匙更小一点，咖啡匙、黄油刀、奶油勺和葡萄柚匙则是最小的金属餐具。

2. 西餐零点摆台要领

西餐摆台时，餐碟一般摆在正中位置，左叉右刀，叉尖朝上，刀刃朝左，各种刀叉摆放时由里至外、先左后右。要求餐具横竖成线，与菜肴配套、齐全，整齐统一，美观实用。

3. 西餐摆台的基本要求

摆台要尊重不同国家、不同民族的风俗和饮食习惯。

摆台还要符合各民族的礼仪形式，要注意突出主人、主宾和主台席位。宾主席位的安排，要根据各国家、各民族的传统习惯和主办单位的具体要求而确定。

摆台餐具要相对集中，餐具酒具要配套齐全、合理，图案、花纹要对正，整齐划一，符合规范标准，美观，科学卫生，既方便客人用餐又便于服务员席间操作。

4. 西餐零点摆台常见操作流程

（1）摆台准备。

1）洗净双手，准备各类餐具、玻璃器具、台布、餐巾或餐巾纸等。

2）检查餐具、玻璃器具等是否有损坏、污迹及手印，是否洁净光亮。

3）检查台布、餐巾是否干净，是否有损坏、皱纹。

4）检查调味品及垫碟是否齐全、洁净。

（2）铺台布。

西餐桌一般选用方桌或长方桌，铺台布前应先铺台垫，再铺台布。西餐铺台布的方法常用风琴法。注意台布中线要连成一条直线，台布下垂部分的四个边要平行相等，且正好接触到餐椅边缘。

（3）摆放餐具（见图1－18）。

1）餐碟摆在席位的正前方，距桌边2厘米。

2）餐盘的右侧摆餐刀，刀刃向左；餐盘的左侧摆餐叉，叉尖朝上。餐刀、餐叉的下端距桌边2厘米。

3）面包盘摆在餐叉左方，距餐叉3厘米。面包盘中心和餐盘的圆心应在一条直线上，面包盘内放黄油刀，刀刃向左，位于盘内右侧1/3处。

（4）摆公用品。

调味架、牙签筒和烟灰缸应摆在餐台的中间，间距合理，摆放整齐、美观。

图1－18 常见西餐零点摆台

备注：上述西餐零点摆台只是常见的一种方式，在实际工作中要根据自己所在酒店的具体情况来执行。

5. 西餐宴会摆台常见操作流程

（1）西餐宴会摆台平面图及效果图（见图1－19、图1－20）。

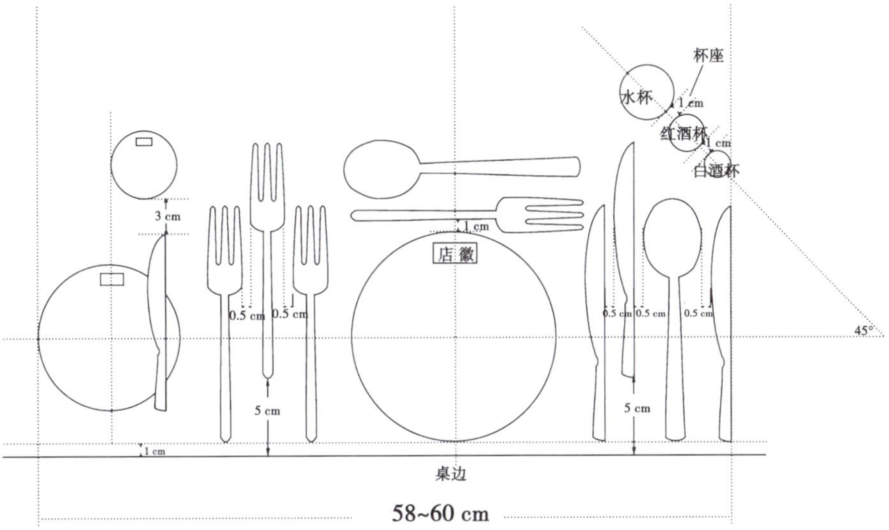

图1－19　西餐宴会摆台平面示意图

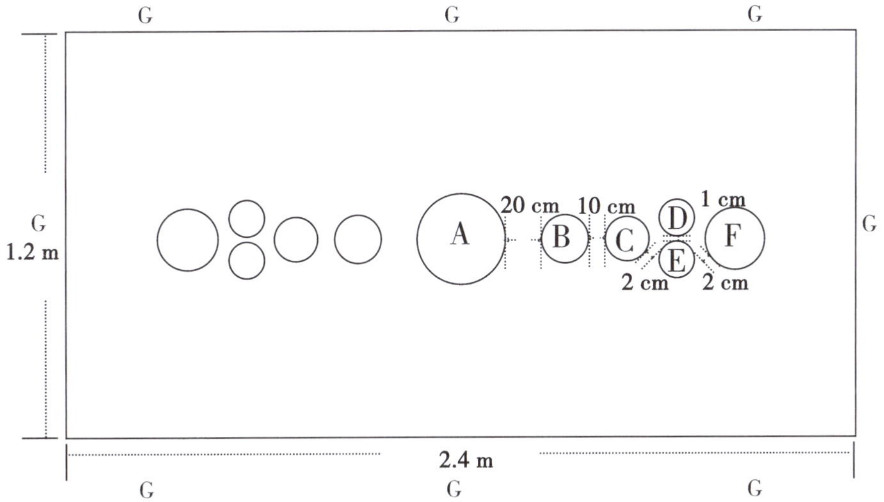

A：花瓶或花座　B：烛台　C：牙签筒　D：盐瓶

E：胡椒瓶　F：烟灰缸　G：座位

图1－20　西餐宴会附加用品摆放示意图

（2）西餐宴会摆台规程。

1）摆台准备（参考西餐零点摆台）。

2）铺台布（参考西餐零点摆台）。

3）摆放餐具（见图1－21）。

①摆装饰盘：从主人位开始，用右手在每个席位正中摆放一个装饰盘，盘上端的花纹图案要摆正，盘与盘之间的距离要相等，盘边距桌边2厘米。

②摆刀叉：在餐盘的左侧，从里到外（从右向左）依次摆放肉叉、鱼叉、沙律叉，叉齿一律向上，叉柄距桌边2厘米。在餐盘的右侧从里到外（从左到右）依次摆放肉刀、鱼刀、汤匙、沙律刀，刀刃一律朝餐盘，刀柄距桌边2厘米。如果宴会菜肴较多，可在用过桌上的刀叉后，每菜再追加一副刀叉。有些餐厅摆台时将鱼刀、鱼叉上提突出于其他餐具1厘米。

③摆甜点叉和甜点匙：在装饰盘的正上方平行横向摆点心叉，叉尖朝右，叉上方摆点心匙，匙柄朝右。

④摆面包盘：在餐叉左侧摆面包盘，面包盘中心与装饰盘中心在一条水平线上，右边缘距餐叉3厘米。

⑤摆黄油刀：黄油刀摆在面包盘上右侧1/3处，刀刃向左。

⑥摆酒具：酒具一律摆在餐刀上方的位置，从最高的杯摆起，从左到右依次降低，与台面成45°，三套杯分别是水杯、红葡萄酒杯、白葡萄酒杯。

⑦上盘花：将叠好的盘花摆在装饰盘正中，注意突出主人和主宾（餐巾折法详见技能训练）。

⑧上菜单：把宴会菜单摆在每个席位上。如果参加宴会的人数较多，可每两个席位摆放一份菜单，间隔摆放。

⑨摆放餐椅：围放餐椅时注意餐椅的正中位置应对应装饰盘中心，距桌边台布1厘米即可。

图1－21　西餐宴会摆台

四、宴会厅台型的设计与布置

1. 中餐宴会台型的设计与布置

中餐宴会使用圆桌台面，餐桌的排列要根据桌数的多少和宴会厅的大小，按实际情况安排，一般中式宴会台型设计方法如下：

（1）宴会餐台安排应做到整体布局协调、整齐、美观、大方典雅，其布局的一般顺序是“中心第一，先左后右，近高远低”。

“中心第一”是指布局时要突出主桌。主桌一般安排在面对正门的餐厅上方，面向众席，背向厅壁，纵观全厅。主桌的台布、餐椅、餐具等的规格应高于其他餐桌，主桌的花篮等装饰也要特别鲜艳突出。小型宴会在条件允许的情况下，主桌桌面可大于其他桌面；大中型宴会的主桌桌面则一定要大于其他桌面。“先左后右”是按国际惯例，主人的右席地位大于主人的左席。“近高远低”是指身份高的客人席离主桌近，身份低的客人席离主桌远。

（2）合理使用宴会场地安排餐台。根据桌数的不同，有以下几种不同的设计方案可供参考：

1）一桌宴会。餐桌应放于宴会厅的中央位置，宴会厅的屋顶顶灯对准桌心。

2）二桌宴会。餐桌应根据宴会厅的形状和门的方位而定，可排列为横“一”字形或竖“一”字形。主桌应放在宴会厅的正面上位。（如图 1－22 所示）

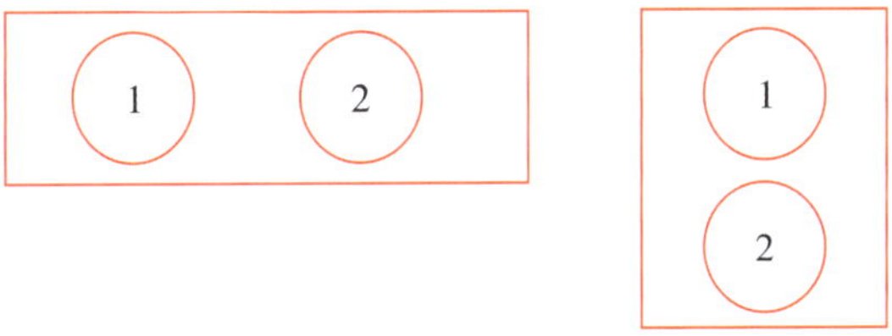

图 1－22　二桌宴会

3）三桌宴会。根据宴会厅的形状，可将餐桌排列成“品”字形或“一”字形。（如图 1－23 所示）

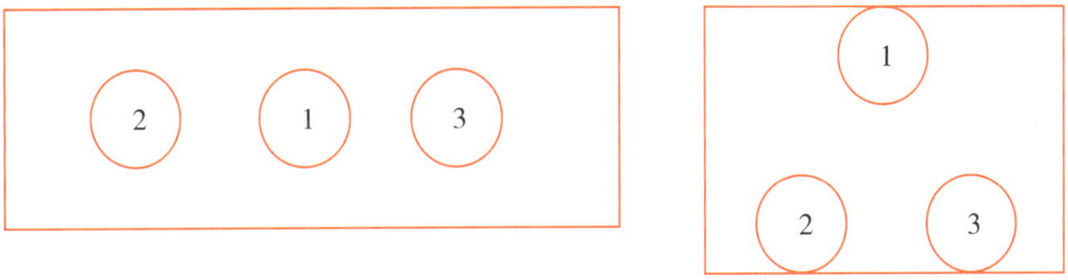

图 1－23　三桌宴会

4）四桌宴会。根据宴会厅的形状，可排列成菱形或正方形。（如图 1－24 所示）

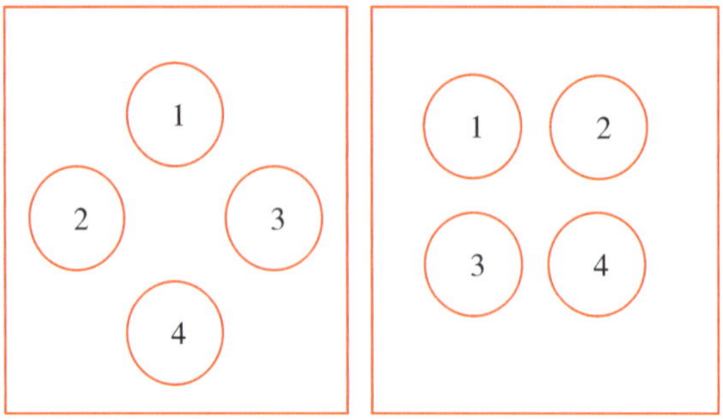

图 1－24　四桌宴会

5）五桌宴会。可排列成“立”字形或“日”字形。以“立”字形排列时，上方位置为主桌；“日”字形则以中间位置为主桌设定处。（如图 1－25 所示）

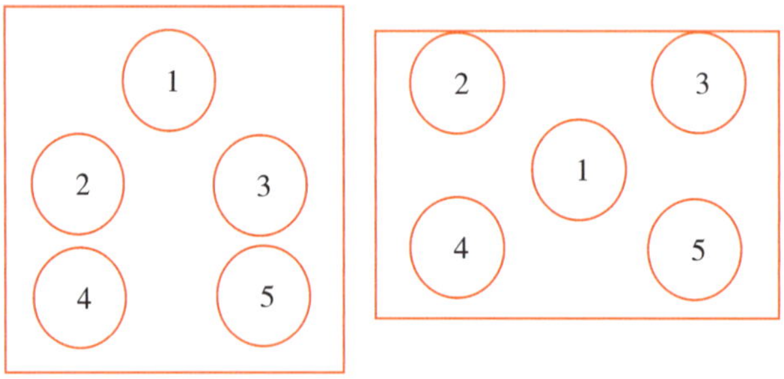

图 1－25　五桌宴会

6）六桌宴会。可排列成三角形、长方形或梅花形。以三角形排列时，顶尖一桌为主桌；梅花形则以中间位置为主桌设定处。（如图 1－26 所示）

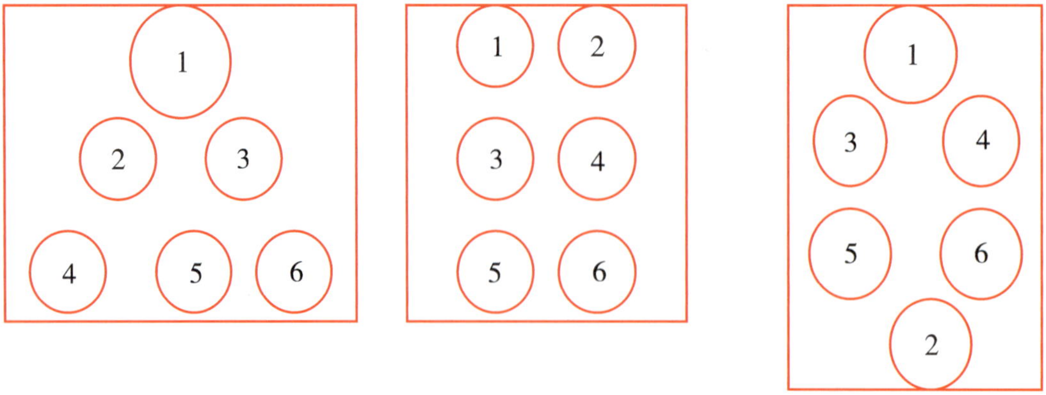

图 1－26　六桌宴会

7）七到十桌宴会。将主桌放在餐厅正面上位或居中摆放，其余各桌按顺序排列，横竖成双排或三排。（如图 1－27 所示）

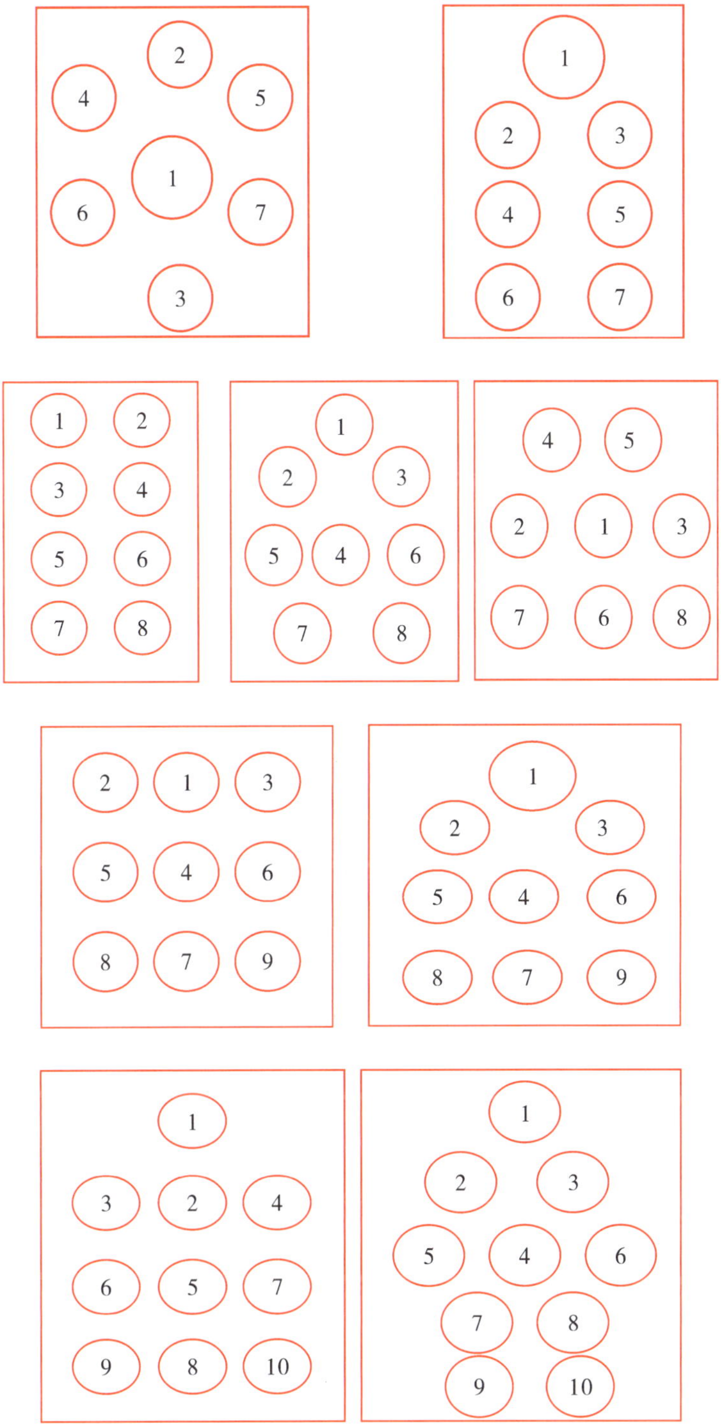

图 1－27　七到十桌宴会

8）大型宴会。其主台可参照“主”字形排列，其他席桌则根据宴会厅的具体情况排列成方格形即可，也可根据舞台位置设定主桌的摆设位置。（如图 1－28 所示）

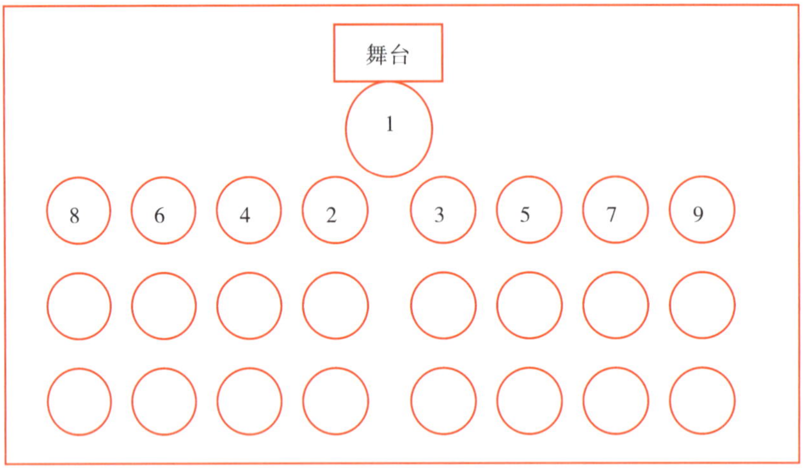

图 1－28　大型宴会

（3）多桌宴会餐桌之间的距离应不少于 1.5 米，餐桌距墙的距离不少于 1.2 米。大型宴会主宾席或主宾席区与一般来宾席之间的横向通道的宽度应大于一般来宾席桌间的距离，以便主宾入席或退席。将主宾入席和退席要经过的通道设为主行道，主行道应比其他通道宽两倍以上，这样才能更显气派。

（4）大型宴会除了主桌外，所有桌子都应编号。台号的设置必须符合宾客的风俗习惯，并注意其生活禁忌，如有欧美宾客参加的宴会必须去掉台号“13”。台号一般高于桌面所有用品，一般用镀金、镀银、不锈钢等材料制作，使客人在餐厅的入口处就可以看到。

（5）如在一个宴会厅同时有两家或两家以上单位或个人举办宴会时，应以屏风将其隔开，以避免相互干扰和服务出现差错。

（6）整个宴会餐桌要求整齐划一，尽量做到桌布一条线、桌腿一条线、花瓶一条线。

2. 西餐宴会台型的设计与布置

正式西式宴会一般使用长台，大多用长方形餐桌及小方桌拼接而成。餐桌的大小和餐桌的排法，可根据宴会的人数、宴会厅的形状和大小、服务的组织、宾客的要求来进行，做到尺寸对称、出入方便、图案新颖；椅子之间的距离不得少于 20 厘米，餐台两边的椅子应对称摆放。西式一般宴会餐桌的设计方式有：

（1）“一”字形或直线形，如图 1－29 所示。当宾客数不超过 36 位时，宜采用直线形，可用 1.8 米×0.75 米的长条桌拼合而成。这种餐台一般设在餐厅的中央位置，与餐厅两侧的距离大致相等，餐台的两端留有空余，以方便服务员的服务工作。

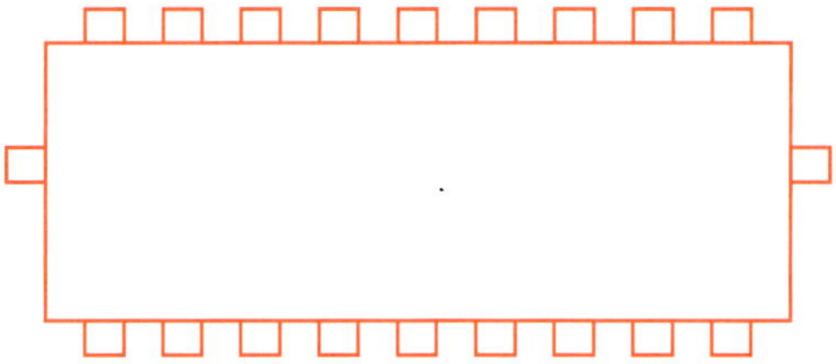

图 1 – 29　直线形设计图

（2）“口”字形、“U”形或“T”形，如图 1 – 30 所示。当宾客数超过 36 位时常用此类台型，可用 1.8 米 ×0.75 米的长条桌拼合而成，中间位置可布置花草、冰雕等饰物。

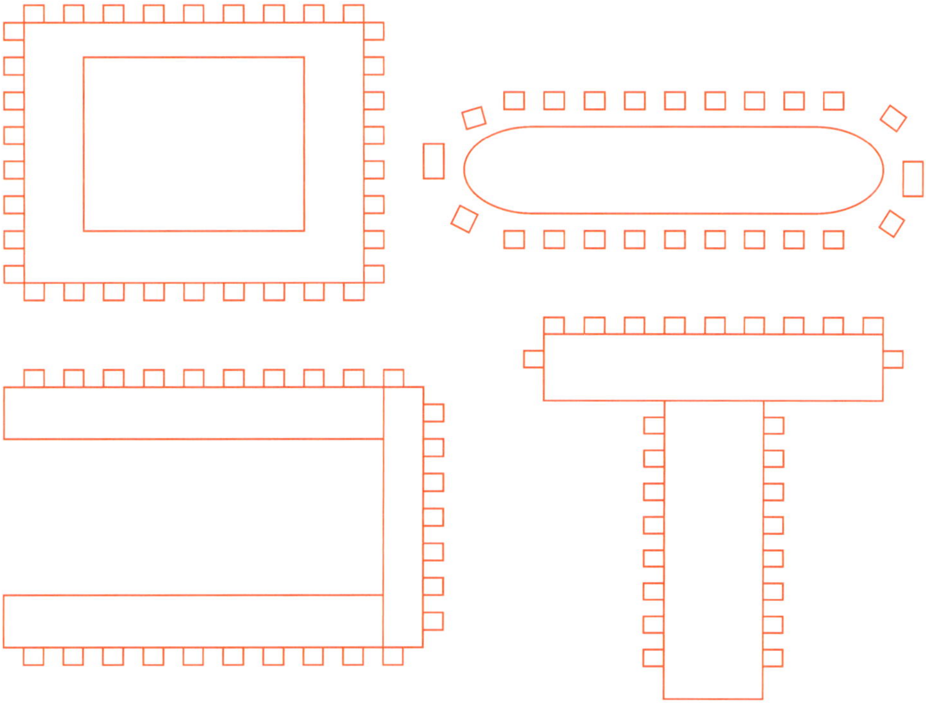

图 1 – 30　“口”字形、“U”形或“T”形设计图

（3）“E”形、“M”形或教室形，如图 1－31 所示。此类台型适合超过 60 位宾客时用。

图 1－31　“E”形、“M”形或教室形设计图

五、宴会台面的布置

1. 宴会台面布置的目的及种类

宴会的台面布置主要是运用台面的餐具、台布、餐巾和各种装饰物品等，通过一定的艺术手法和表现形式，结合就餐者的文化背景、风俗习惯和心理要求，恰到好处地营造出与宴会的内容、主题、等级和标准相适应的和谐统一的气氛，达到吸引宾客对宴会美的艺术兴趣、增加食欲的设计目的。宴会台面根据饮食风格不同，可分为中式宴会台面、西式宴会台面和中西式混合宴会台面。根据台面用途不同，可分为食用餐台、观赏看台和艺术花台。

2. 宴会台面布置方法

宴会台面布置是一种餐台艺术，它是根据宴会主题，对宴会台面用品进行合理搭配、布置和装饰，形成一个完美台面组合形式的艺术创造。宴会台面的装饰效果不仅决定宴会的气氛，而且体现宴会设计者的水平以及整个宴会的服务质量，因此，受到宴会承办者的高度重视。宴会台面的装饰效果，主要通过台面餐具的摆放、台布和餐巾的颜色与折花花形、台面中心艺术设计及其他装饰共同来体现的。中餐宴会台面布置如图 1－32 所示，西餐宴会台面布置如图 1－33 所示。

图 1－32　中餐宴会台面布置

图 1－33　西餐宴会台面布置

具体方法如下：

（1）用餐具装饰台面。可用杯、盘、碗、碟、筷、勺等物件摆成各种象形或会意图案。用餐具装饰台面应掌握以下几点：

1）不同规格的宴会配用不同质地和档次的餐具，以烘托宴会的气氛。

2）餐具的多少根据宴会的规格和进餐的需要而定。一般宴会的等级越高，餐具的件数越多。

3）餐具摆放的位置应达到整体美、统一美。摆成的图案要与宴会主题相符。

4）餐具与菜点在色彩上能相互衬托，形成色彩对比。

5）餐具的摆放应方便客人进餐。

（2）用台布和餐巾装饰台面。台布和餐巾是宴会台面布置的重要元素之一。其布置的原则是：

1）采用不同颜色和印有象征意义图案的台布铺台，以台布的颜色和图案的寓意来突出宴会主题。

2）根据宴会的性质、规模、主题来选择花型，用餐巾花的无声语言表达宾主之间的感情，起到独特的媒介效果，如婚宴可采用玫瑰花、马蹄莲等。

3）根据宾主席位的安排来选择花型。宴会主人座位的餐巾花称为主花，主花要选择美观而醒目的花型，其目的是使宴会的主位更加突出。

（3）中心造型装饰台面。宴会台面的中心造型，不仅突出了宴会主题，同时也体现了宴会的规格档次。在宴会台面布置中，它起到了举足轻重的作用。中心造型设计一般可采用以下五种方法：

1）花卉造型（见图1－34）。花卉造型，即采用花瓶、花篮、花束、花盆、插花、盆景或花坛等装饰中心台面。花卉造型，一是要注意花卉的选择，考虑各民族的不同习惯，避免使用宾客忌讳的花卉，同时要注意花卉的质量和色彩的搭配。二是要注意花语，选择的花卉的寓意要与宴会主题相符，更能渲染宴会的气氛。三是要注意花卉的造型，做到主题突出、生动别致、层次分明、整体协调、富有艺术感染力。四是要注意花卉与宴会场景、餐桌大小、客人视线的有机融合，既要营造出一种热烈雅致的艺术氛围，又不能遮挡客人的视线。

图1－34　花卉造型

2）雕塑造型（见图1－35）。雕塑造型，即采用果蔬雕、黄油雕、冰雕或用面塑等装饰中心台面。使用这种方法必须注意雕塑造型应形象逼真、立意明确，既可折射宴会的主题，营造一种特殊的气氛，给人以一种美的享受，又能充分展示厨师的高超技艺。

3）果品造型（见图1－36）。果品造型，即将新鲜水果或装饰水果与其他装饰物组合摆成各种突出主题、富有意义的造型来装饰中心台面。果品造型，既可装篮造型，也可切拼造型。

图 1－35　雕塑造型

图 1－36　果品造型

4）餐具造型。餐具造型，即通过各种特定的餐具组合成具有一定意义的图案来装饰中心台面。

5）鱼缸造型。鱼缸造型，即通过精致的鱼缸配以热带鱼或金鱼等来装饰中心台面，使宴会台面富有生机。

当然，台面中心造型一般以某一造型为主，适当配以其他造型综合而成，达到一种整体和谐之美。

总体来说，宴会厅的布置是宴会成功举办的关键环节，作为宴会承办单位，应从客人举办宴会的主题入手，结合自身的条件精心布置。

六、案例展示

某宴会厅设计与布置方案见表 1－1。

表 1－1　宴会厅设计与布置方案

设计内容	具体说明
宴会厅地址	红棉厅
宴会厅装饰（见图 1－37）	主席台正对门的位置摆设一尊高达 1.2 米的木棉花玻璃雕塑。木棉花作为广州的市花，寓意具备坚韧和进取的精神。红棉厅的四周用兰花及古今书法家临摹的字画作装饰。致辞台四周用君子兰和盆景装饰，红棉厅的正上方打出“××有限公司成立十周年庆典宴请活动”的横幅，两边视频播放公司十年来所取得的成果。
宴会餐台布置与设计宴会台面布置整体效果（如图 1－38 所示）	①宴会共设 20 桌，每桌都用“花”来命名，其中“百合花”“玫瑰花”是主桌，象征着公司员工的家庭和睦、事业丰收、爱情美满。其他桌为普通宾客席。 ②主桌：台面直径 2.2 米，2.7 米淡黄色台布，深黄色高背椅套，镶有黄边的红色餐巾，折杯花。 ③其他桌：台面直径 1.8 米，2.4 米本黄色台布，黄色高背椅套，白色餐巾，折碟花。

（续上表）

设计内容	具体说明
宴会餐用具（每桌）	①12 寸垫盘 10 个，10 寸盘 10 个，饮料杯 10 个，红酒杯 10 个，翅碗瓷羹各 10 个，银调羹 10 个，筷架、筷子、牙签各 10 副。 ②工作台备瓷勺 10 把，10 寸盘 30 个，水果叉 10 把，水果勺 10 把，分散餐勺、餐叉 3～4 套，毛巾 10 条，圆托盘 1 个，开瓶器 1 个，酒勺 1 把，备用口布 3～4 条。 ③酒水：备可口可乐、橙汁、矿泉水、啤酒、红酒若干。
宴会鲜花	宴会主桌鲜花以兰花为主，其他桌子用独具特色的食雕
宴会灯光	用暖色调

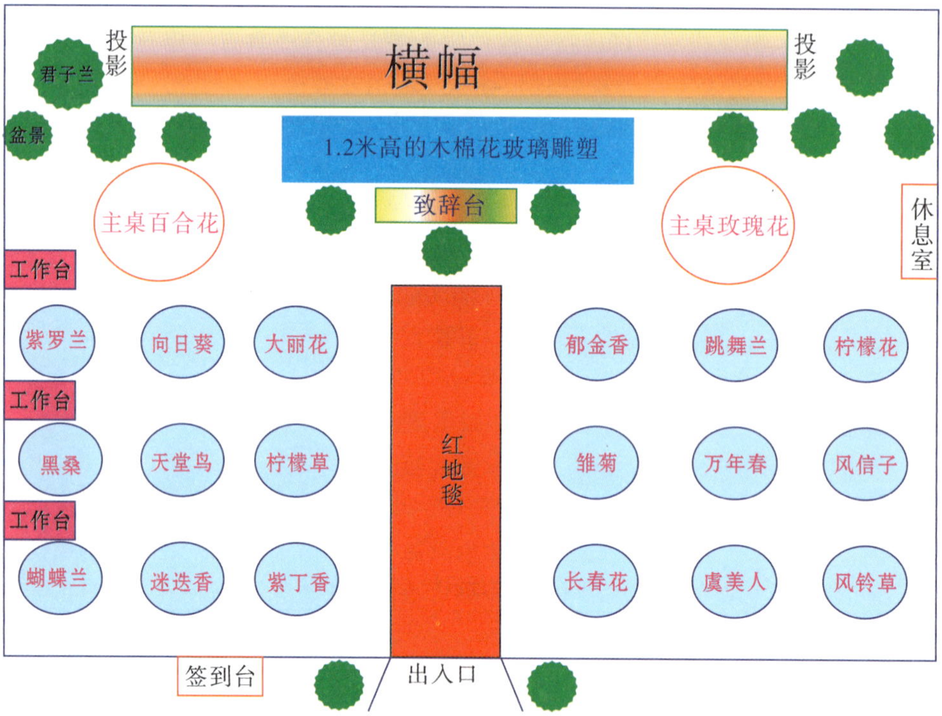

图 1－37　宴会设计与布置平面图

图 1-38 宴会台面布置

技能训练

一、端托服务

端托服务又叫托盘服务，可分为轻托服务和重托服务。

1. 轻托服务

(1) 轻托的定义。

轻托（胸前托）是指托送较轻的物品和用于对客服务，如上菜、斟酒时的操作，轻托重量一般在 5 千克以下。

(2) 轻托的步骤（见图 1-39）。

1) 理盘。

①理盘是指清洁、整理托盘。

②方法：根据所托物品的内容，选择合适的托盘，将托盘洗净擦干。

2) 装盘（见图 1-40）。

①根据物品的形状、体积大小及使用的先后顺序，进行合理摆放。

②方法：装盘时，重物、高物放在靠里，轻物、低物放在靠外；先使用的物品在上、在前，后使用的物品在下、在后。

装盘

起盘

托盘行走

图 1 - 39　轻托的步骤

图 1 - 40　装盘的方法

3）起盘。

上体前倾，腰略弯，左脚在前，右脚在后，用右手将装好物品的托盘从台面拉出 2/3，用左手五指指尖和掌根托住盘底，掌心不接触盘底，手指和手腕同时受力。

4）端盘（见图 1 - 41）。

左臂自然弯曲成 90°，左手掌伸平，掌心向上，五指分开，以大拇指指端到手掌的掌根部位和其余四指托住盘底，手掌自然形成凹形，即掌心不与盘底接触，大、小臂弯曲呈

90°将托盘平托于身体左前方，托盘平稳后放下右手。托盘应略高于腰部，且与腰部有一定间隙。手指应随时根据盘上物品的轻重变化而作相应的调整，使托盘保持平稳。

图1－41　端盘

5）托盘行走。

托盘行走指服务员托起托盘走动时的行走动作。头正肩平，上身挺直，注视前方，脚步轻缓，动作敏捷，步伐稳健，行走自如，使托盘随走动的步伐自然摆动。还应特别注意在为客人服务的过程中使持托盘的左手离上身保持一定间距，千万不能紧贴上身。因为人体在走动时会有轻微的摇动，如果托盘随步左右摇动就会使托盘中的物品产生滑动或使菜汁、汤水外溢，而且会让人感到托盘的姿势不优美。

托盘行走时有以下五种步伐：

①常步：步履均匀而平缓，快慢适当。适用于餐厅日常服务工作。

②快步（疾行步）：较之常步，步速要快一些，步距要大一些，但应保持适宜的速度，不能表现为奔跑，否则会影响菜形或使菜肴发生意外的泼洒。端送火候菜或急需物品时，在保证菜不变形、汤不洒的前提下，以最快的速度走路。

③碎步（小快步）：步距小而快地中速行走。运用碎步，可以使上身保持平稳，使汤汁避免溢出。适用于端送汤汁多的菜肴及重托物品。

④巧步：超出常规行走的灵活多变的步伐。

⑤垫步（辅助步）：需要侧身通过时，右脚侧一步，左脚跟一步。当餐厅员工在狭窄的过道中间穿行时或欲将所端物品放于餐台上时应采用垫步。

6）卸盘。

当物品送到餐厅时，小心地放在一个选择好的位置，双手将托盘端至桌前，放稳后再取物品，从托盘两边交替拿下。在放下托盘时，一要慢，二要稳，三要平。左手转掌放下托盘时，要用右手协助。待盘面与台面平行时，再用左臂或左手将盘向前推进。落托动作结束后应及时将盘内物品整理好。

①如果所托物品较轻，可以用右手将物品从托盘中取下来递给客人。物品取走一部分之后，餐厅员工应及时用右手对托盘位置或盘中物品进行调整，使托盘保持平衡。

②如果托送的物品较为沉重时，餐厅员工可以将托盘放在邻近的桌面或菜台上，然后将所托物品依次递给客人。

（3）轻托的操作要领。

1）左手托盘，左臂弯曲呈90°，掌心向上，五指分开。

2）用手指和掌底托住盘底，掌心不与盘底接触，手掌自然成凹形，重心压在大拇指根部，使重心点和左手五个指端成为六个力点，利用五个手指的弹性掌握盘面的平衡。切忌用拇指从上方按住盘边，四个手指托住盘底，这种方法既不符合操作要求，也不礼貌。

3）平托于胸前，略低于胸部，基本保持在第二和第三枚衣扣之间。盘面与左手臂呈直角状，利用左手手腕灵活转向。

4）托盘行走时头要正，上身保持直立，肩膀放松，不要紧张，集中精神，步伐稳健。

5）手臂不要贴近身体，也不要过度僵硬。行进时应该与前方人员保持适当的距离，并注意左右两侧，切忌突然变换行进路线或突然停止。

6）托盘不应越过宾客头顶，随时注意数量、重量、重心的变化，手指作出相应的移动。

（4）轻托时应注意的几个问题。

1）端托姿势做到“三平、一松、一稳”。

2）注意卫生方面的要求。

3）根据端托物品的不同，选择不同的行走步伐。

2. 重托服务

（1）重托的定义。

重托（肩上托）用于托运较重的菜点、酒和盘碟，所托重量一般在5千克以上。目前餐厅中一般用小型手推车来运送大量物品。（见图1－42）

图1－42　重托情景

（2）重托的步骤及操作要领（参照轻托，见图1－43）。

起盘

端托

托盘行走

图 1－43　重托的步骤

二、餐巾折花

（一）餐巾折花的基本技法

1. 叠

叠的要领：要熟悉餐巾花的基本造型，叠时要看准折缝线和角度，一次叠成，避免反复，否则餐巾上会留下折痕，影响造型美观，并容易引起客人对餐巾卫生程度的质疑。叠法如图 1－44、1－45、1－46 所示。

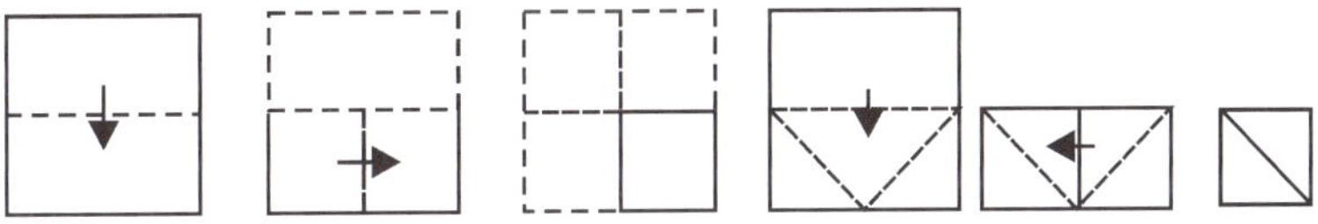

图 1－44　正方形叠法

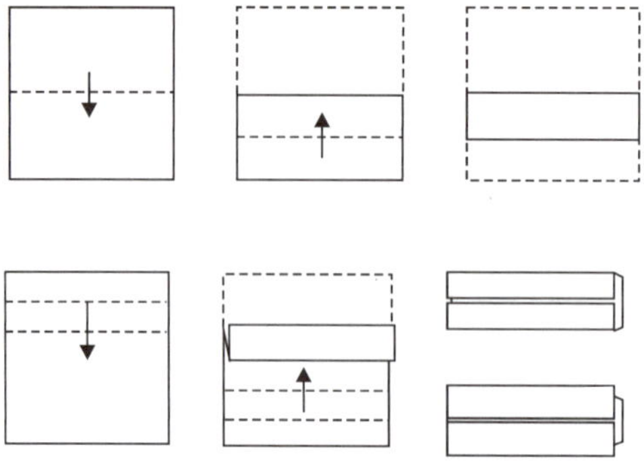

图 1－45　长方形叠法

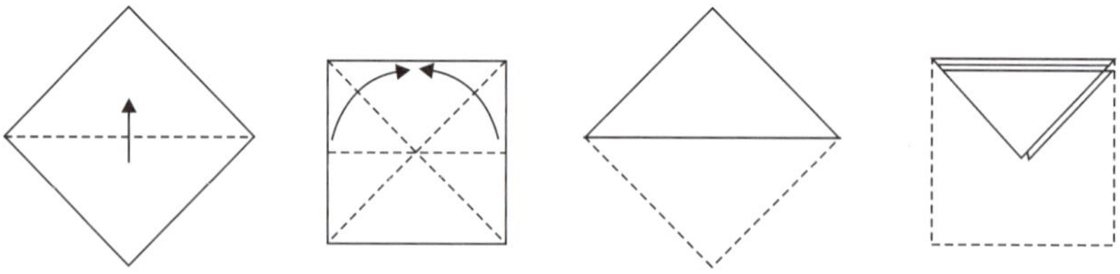

图 1－46　三角形叠法

2. 推

推的要领：推的裥必须距离相等，高低、大小一致，每裥的宽度根据花形不同而有所区别，一般在 2 厘米左右。工作台面必须干净光滑，否则会影响推的效果。推时拇指、食指紧紧握裥，不能松开；中指控制间距将餐巾向前推，不能向后拉，否则褶裥距离大小不均匀。两边对称的裥，一般应从中间向两边推，如图 1－47 所示。

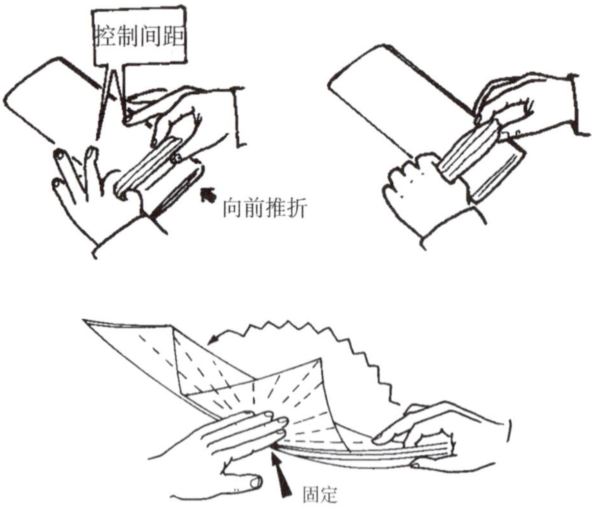

图 1－47　推

3. 卷

卷的要领：平行卷要求两手用力均匀，同时平行卷动，餐巾两头形状一样。斜角卷要求两手能根据所卷角度的大小，互相配合。不管用哪种卷法，都要求卷紧，卷得挺括，否则容易弯曲变形，如图 1－48 所示。

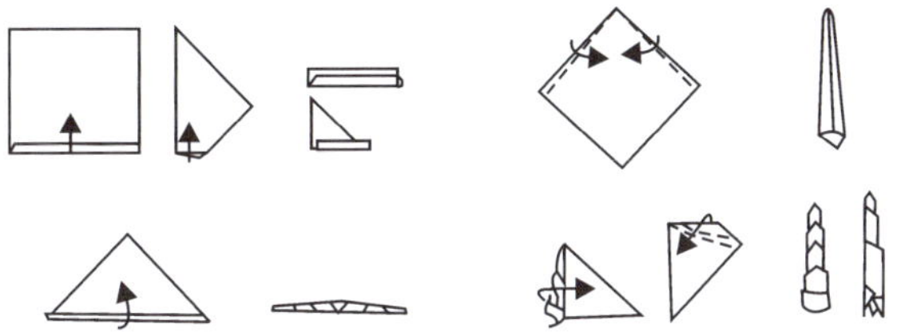

图 1－48　各种卷法

4. 穿

穿的要领：穿所用的工具要光滑、洁净，拉折要均匀。遇到双层穿褶时，一般先穿下面，再穿上面，这样两层之间的裥不易被挑出散开，如图 1－49 所示。

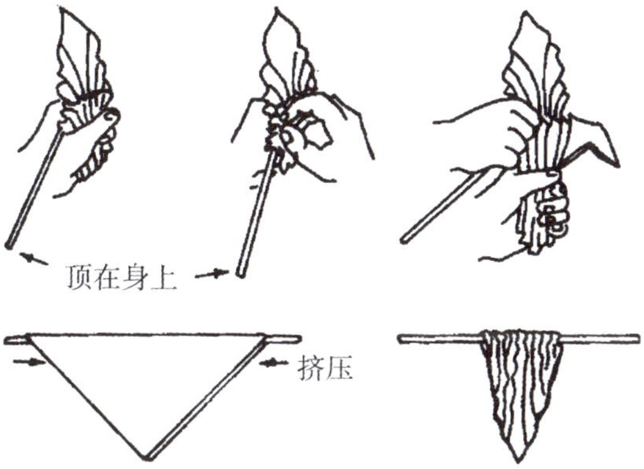

图 1－49　穿

5. 拉

拉的要领：拉的过程中，双手要配合好，根据需要，松紧要适度。在拉花卉的叶子及鸟的翅膀时，要注意大小一致，距离相等，用力均匀，不能猛拉，否则会损坏花形。

6. 捏

捏的要领：先将餐巾巾角的上端拉挺，作鸟的头颈，然后用食指将餐巾角尖端向里压下，用中指与拇指将压下的巾角捏紧，捏成一个尖嘴，作为鸟头，如图 1－50 所示。

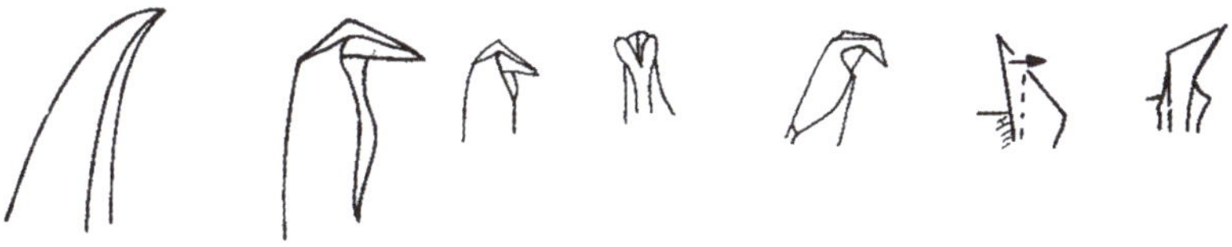

图 1－50　捏

（二）摆放餐巾花

（1）主花要摆放在主人位上，借以突出主位，并区别其他来宾。

（2）将其他造型相似的餐巾花高低均匀、错落有致地摆放在其他客人席上，一般不宜将相同花型摆在一起。

（3）将餐巾花的观赏面朝向圆桌中心。

（4）将形状相似、高低大小相近的花形，在主位、副主位两侧对称摆放。

（5）餐巾花摆放间距均匀。

注意：不同品种的花形在同桌摆放时位置要适当，将形状相似的花形错开并对称摆放好，一般不宜将类似的花形摆放在一起。

（三）供选择的十种杯花、五种盘花的造型及其折叠法

折制方法：

①将餐巾的两巾边先对折再翻折回来，中心线下端向两边分开。

②从分开面向前卷至1/2处，改折5～6裥。

③从卷面向内折拢，拉直卷头。

④插入杯中，整理成形。

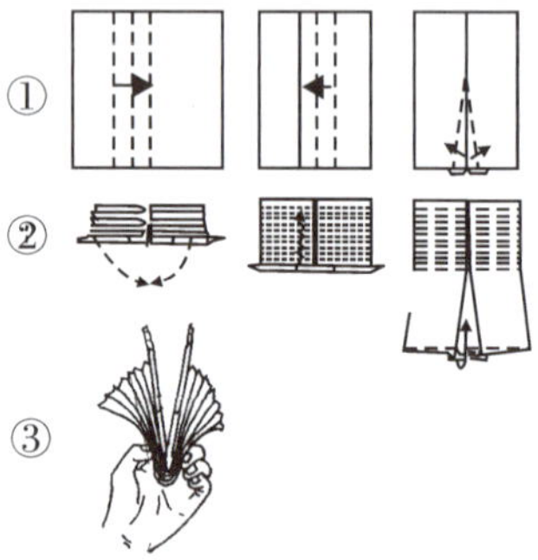

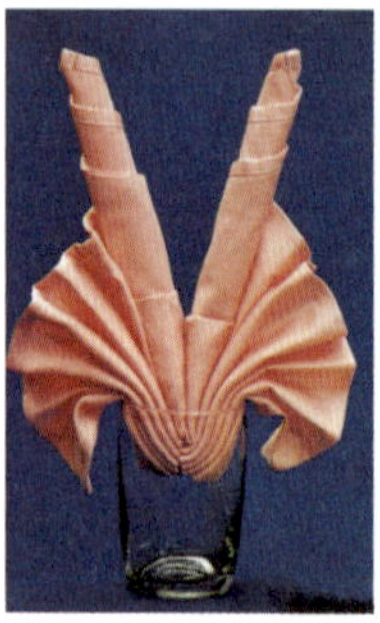

④

图1－51　彩蝶攀枝

折制方法：

①将餐巾的巾边平行对折成长方形，两面巾边分别折成窄长方形。

②两边分别向中心上翻90°。

③折4～5裥，握在手中。

④将四巾角分开，插入杯中，整理成形。

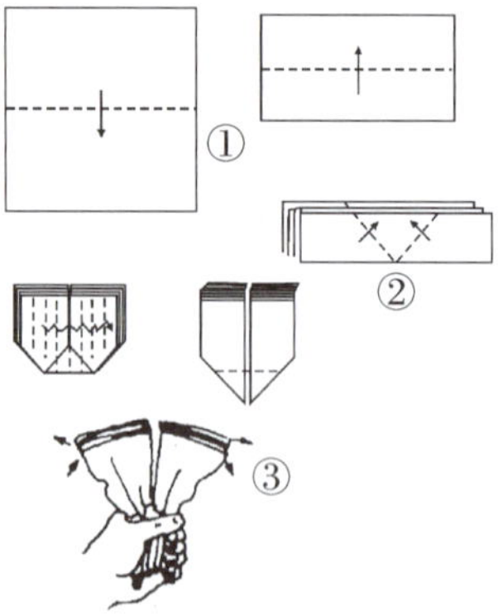

④

图1－52　蚕花似蝶

折制方法：

① 从餐巾的一边开始折 10 裥左右，叠匀后向下折拢。

② 手握裥，两边从7～8厘米处向上翻折，分开呈扇圆形。

③ 插入杯中，整理成形。

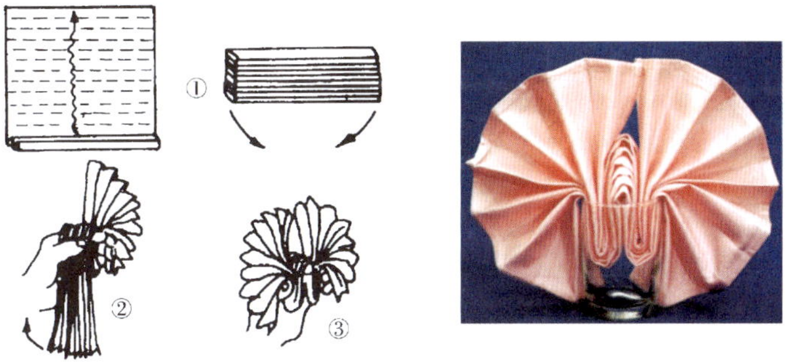

图 1－53　车菊花放

折制方法：

① 将餐巾的四巾角错位相交折成锯齿状，再错位交叉折叠成小锯齿状。

② 将前后锯齿状的角分别向上翻，折 9～10 裥。

③ 分开四巾角做花叶，夹层翻成花朵状。

④ 插入杯中，整理成形。

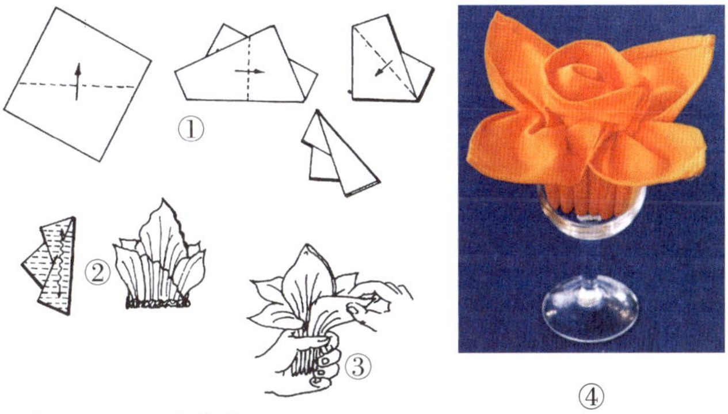

图 1－54　红花争艳

折制方法：

① 将餐巾的巾边平等对折成长方形，从横面折 5 裥。

② 从 2/3 处折拢，从折点向下留 6～7 厘米，余下部分分别向上翻折。

③ 插入杯中，将巾边分开，整理成形。

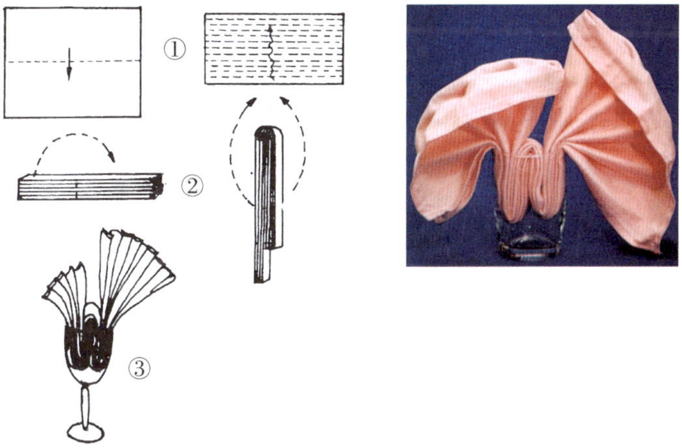

图 1－55　静池风荷

折制方法：

①将餐巾的巾边平行对折，先内折两角，再反折另两角，呈三角形。

②折 7 裥，用手握住。

③两外角向外分，夹层外翻做瓣，两内角做蕊。

④插入杯中，整理成形。

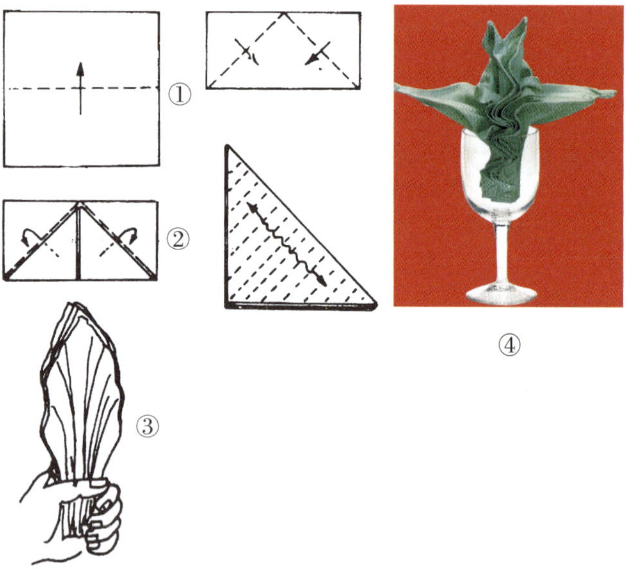

图 1－56　连芯结蒂

折制方法：

①将餐巾两边向中心对折成长方形，四巾角分别向外翻折。

②翻转折 10～11 裥。

③向上对折拢握在手中。

④插入杯中，整理成形。

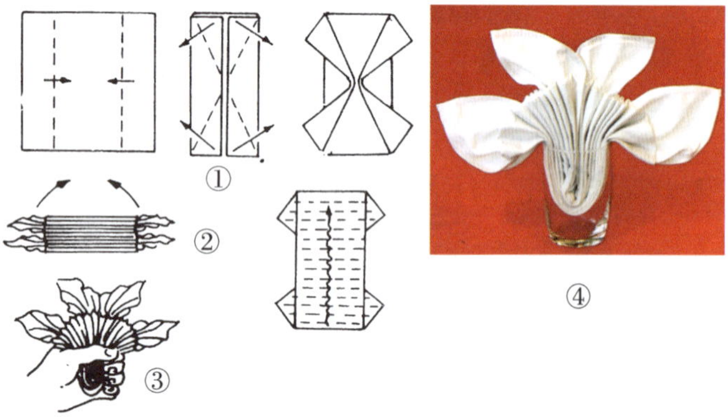

图 1－57　珊瑚如玉

折制方法：

①将餐巾的巾边平行相对，两次对折成正方形。

②翻上第一层角，其余三层全部翻折进夹层里。

③折 7 裥，握在手中，夹层外翻做花。

④插入杯中，整理成形。

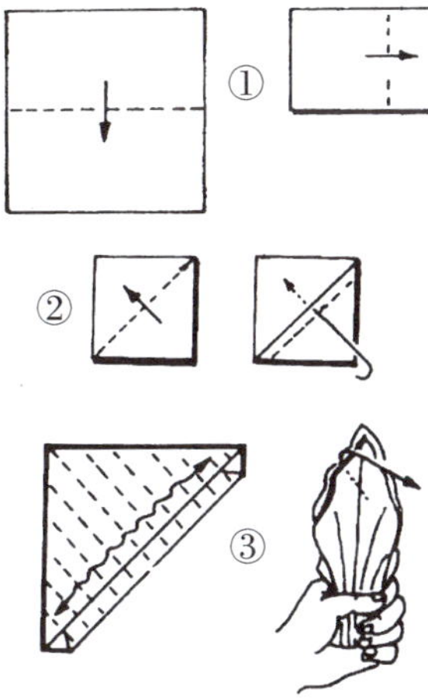

图 1－58　叶绿花红

④

折制方法：

①将餐巾的巾边平行相对，两次折叠成正方形，再向上翻折三层巾角，另一层向背面翻折。

②从中间折 7 裥，用手握住。

③分别拉开巾角插入杯中，整理成形。

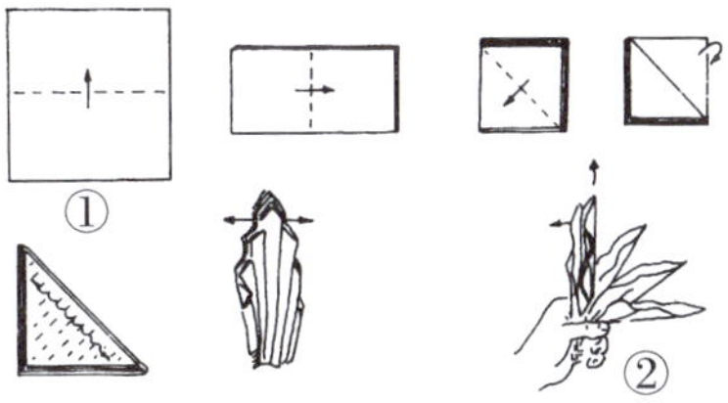

图 1－59　玉洁冰清

③

折制方法：

①将餐巾的巾边平向下折叠 2/3，两巾角向上拉折。

②翻转折 10 裥左右。

③插入杯中，整理成形。

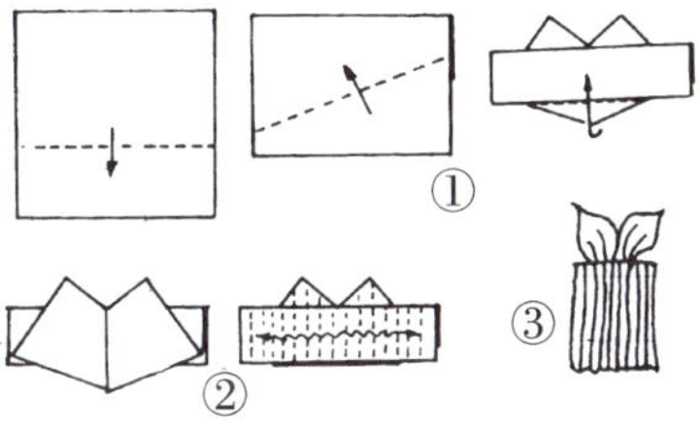

图 1－60　玉叶蝶形

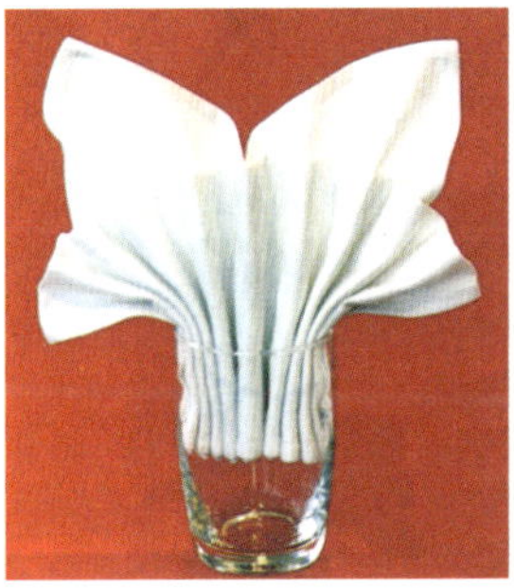

折制方法：

①四个角向中心汇齐。

②四个角再向中心汇齐。

③翻转。

④四个角向中心汇齐。

⑤将底部四个角掀出来。

⑥将底部另四个角拉出来。

⑦调整成盘状，完成。

图 1－61　莲花座

折制方法：

①将底边向上对折，与顶点对齐。

②从左向右对折。

③将右顶角处四巾角一起向下对折。

④将底边两巾角按虚线所示折叠。

⑤将底部向背后折上。

⑥将两边向下对拢。

⑦拉起夹层中的四层巾角。

⑧放入盘中，整理成形。

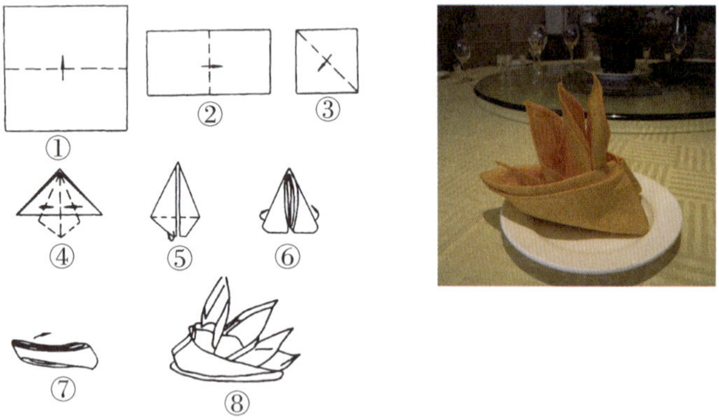

图 1－62　帆船

折制方法：

①四个角向中心汇齐。

②左右向中线对折。

③上下向中线对折。

④捏住第二层两个角对外拉。

⑤与④相同。

⑥左上角向上拉，右下角向下拉。

⑦放入盘中，整理成形。

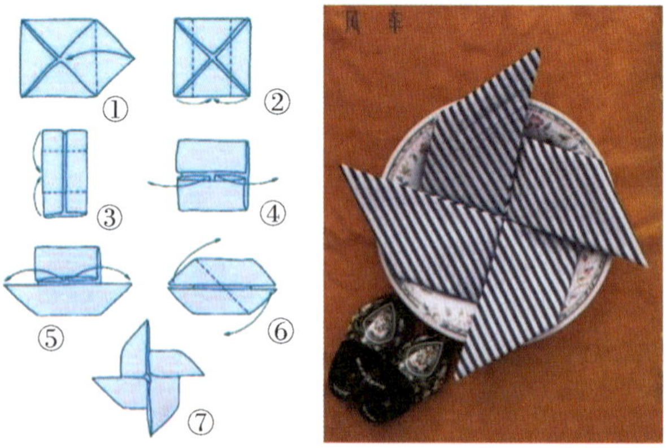

图 1－63　风车

折制方法：

①将餐巾折成三角形。

②将三角形的底边向上折3厘米左右。

③底边继续向上折3厘米左右。

④左角向右折。

⑤右角向左交叉折叠。

⑥成此形状。

⑦倒过来放入盘中。

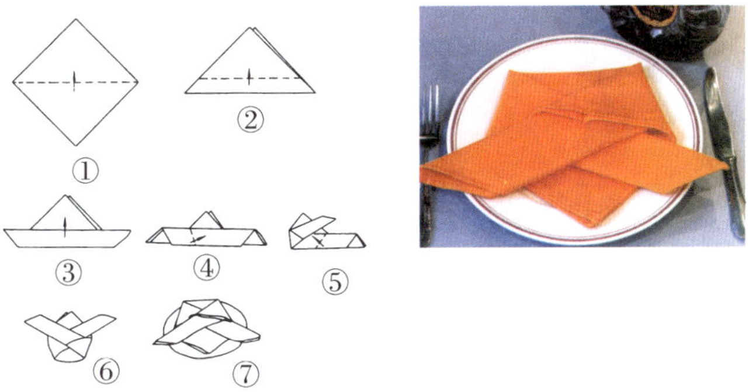

图1－64 领带

折制方法：

①先对折，再如图折。

②向上折。

③向下折。

④翻到背面。

⑤向内侧折并如图相互夹住。

⑥翻到背面。

⑦卷成圆筒形立起来，两侧向下拉，完成。

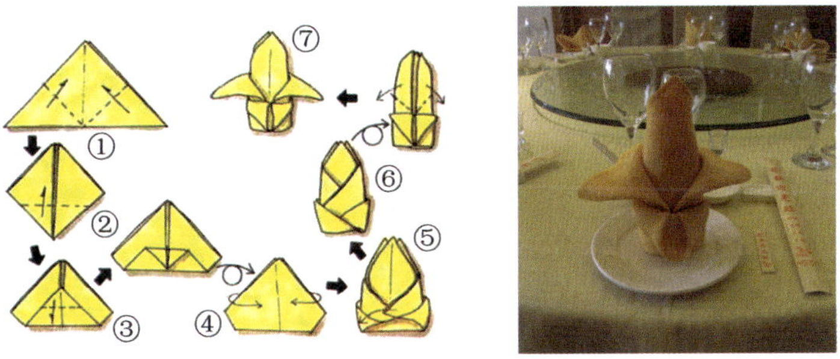

图1－65 主教圣帽

三、摆台

（1）根据接待性质准备相应的餐具。

（2）摆台训练：详见中西餐摆台规程。

任务实施

一、团队组建

1. 组建学习小组

本课程大部分内容的学习采取小组学习的方式进行，请在规定时间（15分钟）内自行组建学习小组（每组人数视班级情况自定）。

学生分好组后，以小组为单位坐在一起。每组选出组长、副组长，定出组名，制定小组格言，并记录在表1－2中。

表 1－2　团队组建情况表

组名			
小组格言			
组长		副组长	
组员姓名	联系电话	组员姓名	联系电话

2. 确定人员分工

任务实施过程中要明确分工任务，组长要调动组员充分表达不同意见，形成职责清晰的任务分工，见表 1－3。

表 1－3　任务分工表

组员姓名	任务分工

二、搜集资料

分组到酒店餐饮部实地参观，拍摄餐厅环境图片、餐具图片等，或上网搜集不同类型的餐厅及相关餐具选用的资料。

三、制订方案

（1）认真分析任务，并确定好任务实施方案，见表 1－4。

表 1－4　接待餐厅设计与布置方案

设计内容	具体说明
接待餐厅地址	略
接待餐厅装饰（附平面图）	①主席台（或主景墙）设计（说明设计的寓意）。 ②餐厅四周墙面设计。 ③是否设致辞台、挂横幅及视频播放等内容。

（续上表）

设计内容	具体说明
餐台布置与设计	①采取的摆台方式。 ②突出主桌。 ③餐桌台面装饰物选择、台布、餐巾花、餐椅的选择与搭配。
餐用具（每桌）	①每张餐台备的餐用具。 ②工作台备的餐用具。 ③酒水。
餐桌鲜花	主桌鲜花选择及其他桌装饰物选择。
灯光	选择冷还是暖色调的灯光。

（2）准备餐具、菜单、物品等。

（3）摆台、餐厅台面装饰布置及餐厅环境布置。

四、过程监督

请各组成员在任务实施过程中做好过程记录，组长负责进行监督，全组共同完成。任务实施过程进度监督表如表1－5所示。

表1－5 任务实施过程进度监督表

工作阶段	时间	进度描述	检查情况记录	改善措施以及建议

五、各组成员记录任务实施过程中的困难及收获

困难：____

小组成员想到的解决方法：____

本次活动的收获：____

六、成果展示

每个小组在任务实施过程中，可以用各种形式把本组的学习活动记录下来，并将以下成果展示出来。

（1）口述校园多功能餐厅设计与布置方案。

（2）张贴校园多功能餐厅设计与布置平面图。

（3）现场布置校园多功能餐厅。

评价反馈

以小组为单位，结合表1－6的标准，围绕自己在活动前后的思想、行为等变化，进行客观评价。

表1－6　评价表

<table>
<tr><th colspan="4">规范及责任意识综合体现评价标准</th></tr>
<tr><td colspan="4">①遵守规则。
②能快速找到与组员的共同目标。
③能准确无误、无条件地接受并立即执行组内指令。
④能按照事先确定的方案尽力完成任务。
⑤能建立良好和谐的人际关系，使工作尽快开展。
⑥能够排除任务中的障碍。
⑦能勇于承认错误，敢于承担责任。
⑧能以大局为重，调整自己的工作节奏。
⑨能在团队合作中表达自己的意见，也能虚心接受他人的建议和批评。
⑩为了实现共同目标，能牺牲自己的利益。</td></tr>
<tr><td colspan="2">活动前</td><td colspan="2">活动后</td></tr>
<tr><td>思想描述</td><td></td><td>思想描述</td><td></td></tr>
<tr><td>行为描述</td><td></td><td>行为描述</td><td></td></tr>
<tr><td>感悟</td><td colspan="3"></td></tr>
</table>

思考与练习

（1）分组参观餐饮企业，观察不同类型餐厅的布置及餐饮组织架构。

（2）课后练习餐巾折花，能在 8 分钟内完成 10 种杯花的折叠。

（3）课后练习托盘、摆台技能，能在 15 分钟内完成中餐宴会摆台。

学习情境二

节日散客接待服务

●学习目标

1. 能做好营业前准备及餐位预订工作；
2. 会上网查找资料，自主找到问题答案并阐述个人或小组的学习结果；
3. 能热情、熟练地进行迎宾与引座服务；
4. 能为客人在点菜、上菜服务、席间服务、结账服务及送客服务等方面提供精细化服务；
5. 能根据客户需求推荐与介绍菜肴、酒水；
6. 能针对客人的特点、心理和生活习俗提供个性化服务；
7. 有良好的沟通与合作；
8. 能正确对待客人的投诉；遇到紧急情况时，会根据安全预案处理。

学习情境描述

晚上17：50左右，广东大厦中餐厅生意兴隆，来用餐的客人络绎不绝，迎宾员站在餐厅门口笑容可掬，问候着前来用餐的客人。餐厅内，值台服务在进行客人入座后的服务。整个餐厅内一片忙碌的景象。林小姐一家五口（其中有一名2岁5个月大的小孩）一起为母亲庆祝节日。

学习情境分析

在这一环节，节日散客接待以接待零点散客为主。不同的客人消费需求不同，在执行服务规程时既要做到服务标准化、规范化，又要做到服务个性化、程序化。以热情、礼貌、主动、周到的接待服务，为酒店创造良好的声誉和经济效益。

知识链接

在饭店的日常管理和经营项目中，按照服务方式可分为散客接待服务、团体包用餐服务和宴会服务，而不同的服务方式又有不同的服务规程和操作标准。其中，散客日常接待服务包括餐厅营业前准备工作、开餐服务工作、餐中接待工作和餐后整理工作。餐厅服务员应严格执行各种服务规程和操作标准，餐厅管理人员也应加强餐饮服务与管理，用优质的服务赢得更多的宾客。

一、餐厅营业前准备工作

餐厅营业前准备工作包括召开餐前例会（含责任分工、任务分配等）及餐厅布置工作（含整理餐厅卫生、准备营业所需物品、做好餐厅台面装饰摆放等）两个环节。

1. *召开餐前例会*（见图 2－1）

餐厅于每餐开餐前必须召开餐前例会。例会一般由餐厅经理或主管于开餐前 10～20 分钟在各自餐区主持。

图 2－1　召开餐前例会

餐前例会的主要内容如图 2－2 所示。所有内容在一次餐前例会中并不一定都会出现，如分析案例、预测问题等步骤有时会省略。

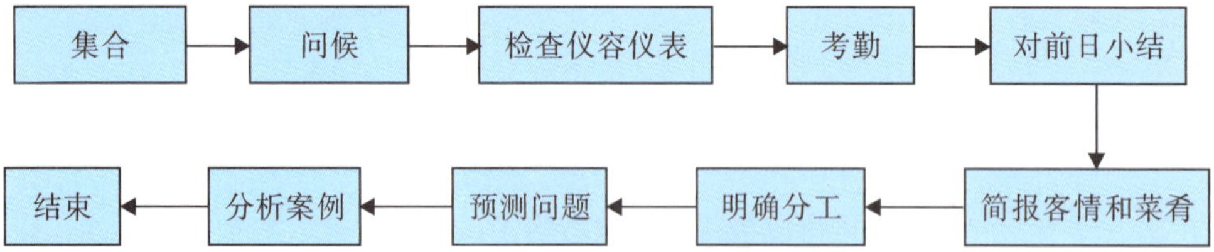

图 2－2　餐前例会的主要内容

（1）集合：首先要求参加餐前会的所有员工必须身着整洁的饭店统一制服，提前几分钟到岗，在餐前会指定地点排好队形。

（2）互相问候：餐厅主管发出“开会”口令后，全体员工以迎接客人的姿势，道“早上好/中午好/晚上好”。主持餐前会人员应该先向员工问候，且要求员工给予相应的回应，以此锻炼员工的礼貌，也可以鼓舞员工士气，使之具有良好的精神面貌。

（3）接受仪容仪表检查：餐厅主管逐个检查员工的发型发饰、衣着化妆、个人卫生等各方面，以验明其仪容仪表是否合乎饭店的要求。

（4）接受岗前考勤。

（5）会议主持者总结上一工作日餐厅运行情况。

（6）会议主持者简明通报客情和菜肴供应情况。

（7）明确各餐区服务人员的分工。

应该明确指派贵宾席的接待服务人员、就餐台服务人员、酒水台服务人员、收银台收费人员；对于自助餐，还应安排自助餐食品台看台员，确定海鲜台现场烹制厨师人选、扒类菜肴厨师人选等。如迎宾员负责为客人拉门，问候客人；引座员负责询问客人的人数及预订的情况，将客人引领到合适的座位就座；值台服务员负责点菜、开菜单、斟酒水、上菜与分菜、撤换餐具等餐中服务；传菜员则负责将厨师做好的菜点从厨房端送到餐桌旁；收款员负责为客人结账收款。以上工作的具体分工中，每个环节的工作都是至关重要的，缺一不可。

（8）预测餐中服务可能出现的一些问题。

对于大型餐饮活动，应向员工说明如何恰当地应对和处理一些常见的突发事件，以便员工做好充分的心理准备。

（9）介绍以往相关案例的处理和分析。

当餐饮管理者在巡视中发生某些影响餐饮部正常工作的现象时，他们一般运用餐前例会时间来分析上一工作日发生的相关案例，并介绍正确的处理方法。一方面可以增强服务员的服务意识，另一方面也可提高服务员处理问题的能力。餐厅服务员在此环节应认真听取餐饮管理者的处理方法。

（10）餐前会结束工作。

主管发出“散会”口令后，全体员工以送别客人的姿势，道“多谢光临”结束餐前会。餐厅的所有服务人员应立刻回到各自的工作岗位，最后对自己的准备工作进行自查和修正，拾遗补阙，准备开餐。

每个餐饮企业的餐前会都有不同的做法，有些企业会在开始前大声唱歌，有些企业会在结束时高喊企业口号，还有些企业会在开始前做操。其目的都是通过不同的方式在餐前提高员工士气、鼓舞员工精神，同时也是为企业作宣传的一个好方法。

2. 完成餐厅布置工作

内容详见学习情境一。

二、开餐服务工作

开餐服务是餐厅对宾客提供产品和服务的开始，也是餐厅服务工作的重要环节，包括餐位预订、迎宾与引座服务、斟茶递巾、送上点菜单、询问酒水、开单、撤位与加位等。

1. 餐位预订工作

餐厅常用的预订方式有当面预订和电话预订两种。餐厅服务员在接受预订过程中，要认真倾听，了解客人的需求，征求客人的意见，根据客人的要求安排相应的单间或大厅的餐台以及其他事项，并告知客人。注意强调预订餐位的保留时间；准确记录预订内容；主动服务，以良好的服务态度对待客人的预订。

（1）预订服务流程与服务标准（见表2－1）。

表2－1　预订服务流程与服务标准

流程	服务标准	
问候客人	电话预订	①电话铃响三声之内接听电话。 ②主动地向客人礼貌问好，并准确报出餐厅名称及自己的姓名。 ③及时表示愿意为客人提供服务，如有“什么事情需要帮忙”或“很高兴为您服务”等。
	当面预订	①当客人来到餐厅，迎宾员首先要礼貌地问候客人。 ②当知道客人是来订餐时，要主动向客人介绍自己，并表示愿意为客人服务。 ③如果餐厅设有专职订餐员，要及时引领并做好交接介绍。
了解需求	①对能报出姓名的客人，服务员应称呼其姓名，以示对客人的尊重。 ②仔细聆听客人介绍，了解客人的身份、用餐日期及时间和宴请对象、人数、台数以及其他要求。 ③征得客人的同意后为其安排相应的包房或餐台，并告知客人房号或台号。 ④询问清楚客人要安排在吸烟区还是非吸烟区。	
接受预订	①复述预订的内容，并请客人确认。 ②请客人留下电话、姓名。 ③告知客人预订餐位最后的保留时间。 ④向客人致谢并道别。	
预订通知	①填写预订单。 ②已确定菜单的预订或大型宴会的预订，应立即通知餐厅经理、厨师长、采购部门。 ③未确订标准或菜单的预订，只通知餐厅即可。 ④有特殊要求的预订，要及时通知餐厅总领班和厨师长。	
预订记录	①将预订的详细内容记录在预订登记本上。 ②零点餐厅预订登记本每月一本，用后存档。	

（2）预订内容。

1）客人预订的用餐日期及时间。

2）用餐人数及标准。

3）订餐客人姓名、单位、联系电话及传真号码。

4）餐厅相关要求、其他服务项目或客人的特殊要求。

5）用餐标准、菜单、酒单的确定。

（3）预订的注意事项。

1）预订时间。

①预订是对订餐客人的一种承诺，即在约定的时间内为客人保留餐位。

②在餐厅实际接待服务中，常常出现客人预订后未按约定时间到达、客人预订后不来就餐、客人用餐时间超出预订的时间而影响到其他客人不能按时就餐等情况。

③餐厅为客人预订餐位时，应强调时间的重要性，主动告知客人为其保留座位的时间期限，超过保留期限的餐位会提供给其他客人使用。

④对重要客人的预订要主动了解其实际到达的时间和变更情况，以便保证餐厅正常营业和接待服务质量。

⑤若餐厅要求更改预订时间，必须事先征得客人的同意，更改后的标准和条件应有一定的优惠并达到客人的要求。

2）记录内容。

①餐饮预订需记录的内容较多。预订时，每一项都要向客人询问清楚，尤其是客人提出的特殊要求一定不可忽视。

②准确记录客人的预订是对客人的尊重，也是优质对客服务的保证。

③预订内容可记录在预订登记表上。

2. 迎宾与引座服务

在迎宾服务中，迎宾员首先应面带微笑，礼貌问候客人，了解客人是否有预订，引领客人进入餐厅，安排客人入座，并递上菜单。客人入座后，由值台服务员为客人提供相应的服务。在本环节应掌握迎宾服务的程序与标准，特别注意为客人安排座位的技巧。

（1）迎宾服务流程及服务标准（见表2－2）。

表2－2 迎宾服务流程及服务标准

流程	服务标准
热情迎宾	客人来到餐厅时，迎宾员应面带微笑主动上前问好，了解是否有预订。
引位	①如客人已预订，核实后，迎宾员应热情地引领客人入座。 ②如客人没有预订，迎宾员则礼貌地将客人安排到满意的餐台。 ③引领客人时，应走在客人右前方1米处且不时回头，把握好客人与自己的距离。
拉椅入座	当迎宾员把客人带到餐台边时，值台服务员应主动上前问好，并协助客人拉椅入座，注意女士优先。
打开餐巾	依据“先宾后主，女士优先”的原则为客人铺餐巾，一般站在客人的右侧为客人铺餐巾。中餐一般将餐巾压在碟子下，西餐一般将餐巾平铺在客人的膝盖上。

（续上表）

流程	服务标准	
服务毛巾	①根据客人人数从保温箱中取出小毛巾，放在毛巾篮中将毛巾摆平。 ②服务毛巾时，站在客人右侧。 ③按“先宾后主，女士优先”的原则依次送上。 ④热毛巾要抖开后放在客人手上。 ⑤冷毛巾直接放在客人右侧的毛巾盘中。 ⑥客人用过毛巾后，征得客人同意后可撤下。 ⑦毛巾要干净无异味，热毛巾一般保持在40℃。 备注：此环节一般用于中餐服务，西餐服务少用。	
服务茶水或冰水、面包服务	中餐服务茶水	①服务茶水时，应先询问客人喜欢用何种茶，适当作介绍并告之价位。 ②按照“先宾后主”的顺序为客人倒茶水。 ③在客人的右侧倒第一杯礼貌茶，以八分满为宜。 ④为全部客人倒完茶，将茶壶添满水后，放在转盘上，供客人自己添茶。
	西餐服务冰水或柠檬水	①把水杯摆放在主餐刀正上方的酒杯右侧。 ②从客人的右侧倒水。 ③沿着桌边为每一位客人倒水，最后为主人服务。 ④在整个就餐过程中，如有要求，随时为客人倒水。
	西餐服务面包	左手拿着面包篮以及黄油碟，站在客人的左侧，将黄油碟放在桌子中央，用服务工具把面包从篮里拿到餐盘上，依次为每位宾客服务，最后为主人服务。
送上酒单、菜单	①迎宾员在开餐前应认真检查菜单，保证菜单干净整洁，无破损。 ②按照客人人数拿取相应数量的菜单。 ③待客人入座后，打开菜单的第一页，站在客人的后右侧，按照“女士优先”的原则，依次将菜单送至客人的手中。	
撤、加餐具	①按用餐人数撤去多余餐具（如有加位则补上所需餐具），并调整座椅间距。 ②如有小孩就餐，需搬来加高童椅，并协助小孩入座。	
撤筷套	①在客人的右侧，用右手拿起带筷套的筷子，交于左手，用右手打开筷套封口，捏住筷子的后端并取出，摆在桌面原来的位置上。 ②每次取下的筷套握在左手中，最后一起撤走。	
记录	在协助服务员完成上述服务后，迎宾员回到迎宾岗位，将客人人数、到达时间、台号等迅速记录在迎宾记录本上。	

（2）热情迎宾的要求。

1）当客人来到餐厅时，迎宾员要热情礼貌地问候客人。可说：“早上好/晚上好，先生、小姐，欢迎光临××餐厅。请问几位？/请问需要几个人的餐桌？”问候客人时应注意遵循“女士优先”的原则。如是常客或贵宾，应以姓或职务尊称客人。

2）询问客人有无预订。如果客人有预订，应询问预订的单位名称或客人姓名，以及预订的人数等情况，并迅速与预订单核对后，引领客人至预先安排好的餐桌。如客人尚未预订，则应询问客人用餐人数，引领客人到满意的餐桌。

3）询问客人是否吸烟。如客人不吸烟要为客人安排在不吸烟区就座。

4）接挂衣帽。若天气寒冷，客人穿戴较多时，迎宾员应主动提示客人是否将外衣或帽子存放在衣帽间里。接挂衣帽时注意外衣应拿衣领，切勿倒拿以免袋内的物品掉出；提醒客人贵重物品应随身携带，并及时将存衣牌交给客人；如是贵宾，应记住客人及其衣帽的特征（一般不使用存衣牌）。衣帽存放服务，有的饭店有专设的衣帽间服务员提供，有的饭店则由迎宾员兼做此项工作。

5）迎宾员右手拿菜单，左手为客人指示方向，四指并拢手心向上，同时说："请跟我来/请这边走。"

6）引领客人进入餐厅时要与客人保持1米左右的距离。将客人带到餐桌前，并征询客人意见："您喜欢这张餐桌吗?"如客人有异议，则应重新安排，直至客人满意为止。

7）帮助客人轻轻搬开座椅，待客人落座前将座椅轻轻送回。

8）迎宾员将就餐人数及客人姓名的信息告知服务员，以便服务员提供有针对性的礼貌服务。与服务员交接后，迎宾员应迅速返回餐厅门口，记录桌号与客人人数，准备迎接下一批客人。

（3）合理引座的要求。

1）一张餐桌只安排同一批客人就座。

2）按照一批客人的人数去安排合适的餐桌。

3）吵吵嚷嚷的大批客人应当安排在餐厅的包房或餐厅靠里面的地方，以免干扰其他客人。

4）老年人或残疾人应尽可能安排在靠餐厅门口的地方，可避免多走动。

5）年轻的情侣喜欢被安排在安静及景色优美的地方。

6）服饰漂亮的客人可以渲染餐厅的气氛，可以将其安排在餐厅中引人注目的地方。

3. 点菜服务

在点菜服务中，服务员应熟悉菜单，了解客人的需求，主动提供信息和帮助，并进行良好的推销。较强的推销能力体现了服务员良好的综合素质，而主动热情的点菜服务则可为客人提供优质的服务。

（1）点菜前的准备工作。

1）熟悉菜单。

熟悉菜品是餐饮推销的前提。作为餐厅服务员，应该熟悉菜单上菜肴的原材料、制作方法、烹调时间、口味特点和转盘要求、菜品典故等；了解菜式单位，即一份菜的规格和分量等，通常以盘、斤、两、只、打、碗等来表示，如两只大闸蟹、一斤基围虾、一打榴梿酥等。为此，餐厅在对服务员进行培训时，可由厨师讲解菜品，并让服务员品尝。

2）掌握不同数量的客人所需要的菜肴组成和分量。

注意客人在不同的地点、时间及不同的情绪下点菜的数量是不相同的，这就要求服务员要掌握客人的心理需求使分量恰到好处，避免浪费。

3）了解客人的饮食习惯和口味特点。

4）懂得上菜顺序、实际佐料搭配及菜肴与酒水的搭配，当好客人的“参谋”。

5）能用流利的外语介绍菜肴。

（2）点菜服务的基本程序。

点菜服务的基本流程如图 2－3 所示：

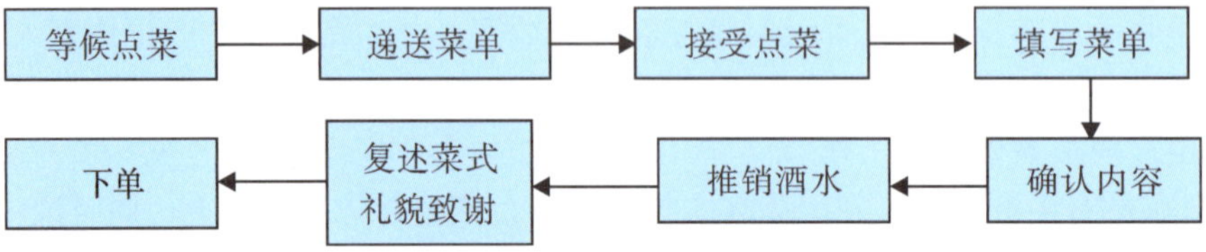

图 2－3　点菜服务的基本流程

1）等候点菜。

当客人进入餐厅，迎宾、引位、入座、上茶后，服务员应站在自己的工作位置等候点菜。在此过程中，服务员应仔细观察，加以揣摩，对客人的身份、职业、就餐目的、消费水平、就餐缓急程度及口味特点等有一个大概的了解，以便有针对性地提供点菜服务。

2）递送菜单（见图 2－4）。

服务员在客人饮茶过程中主动递上菜单，先递给女士或年长者，请客人点菜。

3）接受点菜（见图 2－5）。

点菜服务员在接受客人点菜时，应礼貌地问候客人，并介绍自己，征询客人是否可以点菜。如：“晚上好，先生，很高兴为您服务。我是点菜师 × ×，现在可以为您点菜吗？（在客人准备点菜时，立即走上前询问：“我可以为您点菜了吗？”）

图 2－4　递送菜单

图 2－5　接受点菜

①介绍、推荐菜肴。

注意观察，了解客人的需求，主动推荐餐厅的特色菜、时令菜、畅销菜和高档菜；介绍时要作适当的描述和解释；注意分量适中，搭配合理（荤素、味型、营养、颜色、与酒水的搭配、价格等）；尽量使用建议性、选择性语言，不可强迫客人接受，并灵活处理各种情况。

服务员在介绍菜肴时应细心观察，了解需求，语气亲切，讲究语言艺术和推销技巧。

②点菜。

为客人点菜时，要自然地站在客人身后右侧约 50 厘米处，手拿点菜单，按受客人点菜。

4）填写菜单（见图 2－6）。

为客人点菜时，要认真倾听，迅速而准确地记录；不可将点菜单放在餐桌填写；当主人表示客人各自点菜时，服务员应从坐在主人右侧的第一位客人开始记录，并站在客人的左侧按逆时针方向依次接受客人点菜；如果就餐客人实行 AA 制（即分单结账）时，可按餐厅内定的座位号记录每位客人所点的菜肴，写清台号、用餐人数、日期、服务员姓名、所点菜品名称和数量、上主食时间、开单时间等信息，并注明特殊要求（如穆斯林宾客或素食宾客）；冷菜、热菜、点心、酒水分单填写。

服务员在填写菜单时应做到迅速、正确、工整。

5）确认内容。

菜品点齐后，要向客人复述所点菜肴及特殊要求，并请客人确认（见图 2－7）。

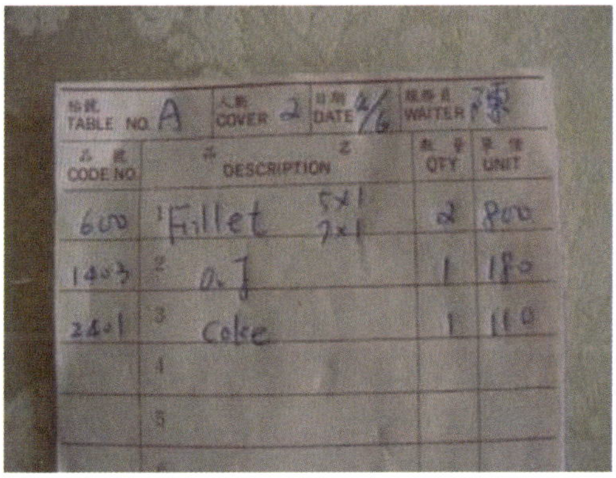

图 2－6　准确填写点菜单

图 2－7　确认菜单内容

6）推销酒水。

客人点完菜后，服务员要主动递上酒单，问客人需要什么酒水，同时介绍本餐厅所供应的酒水品种、特点、瓶装容量及价格等供客人选择，或者根据菜肴与酒水、酒水与季节的搭配原理向客人推荐合适的酒品。

7）复述菜式、礼貌致谢。

复述菜式后，服务员收回菜单和酒水单，感谢客人，并告之客人大约等待的时间。

8）下单。

点菜单一般有四联，即收银联、配菜联、划菜联、核对联。如是三联则减少划菜联或核对联，点菜单填好后，先交收银员检查并盖章后，留下收银联，其余三联分送厨房、传菜员，服务员留下核对联，并尽量缩短客人等候的时间。

(3) 点菜服务注意事项。

点菜是客人购买餐饮产品的初始阶段，如果点菜的服务不周到，很容易导致客人用餐不满意，甚至可能对整个餐厅的服务不满。可以说这项服务关系到整个服务过程的成败，需特别注意如下工作：

1）客人所点菜肴重复或过多时，要及时提醒客人。

2）如果客人点了菜单以外的或已售完的菜品时，要积极与厨房联系，尽量满足客人的要求，或介绍其他相应的菜肴。

3）客人点鱼、虾等海鲜菜肴时，应征求客人对鱼、虾的重量要求或主动建议适当的重量。

4）如客人点了需烹制较长时间的菜肴时，应主动向客人说明，并告知等待时间，调整出菜顺序。

5）若客人赶时间，应主动推荐快捷易做的菜肴。

6）对于客人的特殊应要求尽量满足。

另外，由于西餐是分餐制，人手一份菜单，每位宾客所点的菜式可能都不一样。点菜时需事先在座位示意图上对客人所点菜名进行记录，并熟练运用推销技巧，确保记录无误。(如图 2－8 所示)

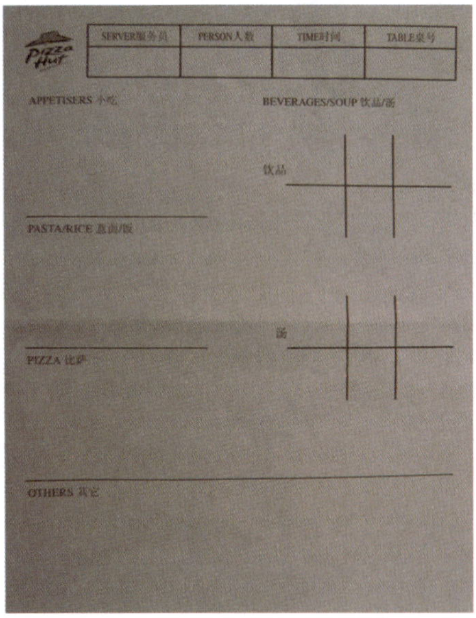

日期	×××	姓名	史密斯	人数	2	台号	8
数量	菜品名称						金额
1	Mixed salad (ED)						
1	Smoked salmon						
×	×××						×××
1	Classic onion soup						
1	Beef consonmme soup						
×	×××						×××
1	Swiss Beef Steak (M)						
1	Chicken salad						
1	Sirloin steak (M. W.)						
×	×××						×××
合计							

图 2－8 西餐点菜记录示意图及点菜单

在客人点下列种类的菜肴时，接受点菜的服务员应注意：

①点扒类食品时需问生熟程度。

How would you like your steak done sir? Well done, well medium, medium, medium rare or rare?

请问您的牛扒需要烹制几成熟？是全熟、七成、五成、三成还是一成熟？

②点沙拉时需问配何种沙拉汁。

What kind of salad fressing would you like to have? Oil vinegar, French dressing, thousand island dressing or roqufont dressing?

请问您需要哪种沙拉汁？油醋酱、千岛酱、法式沙拉酱，还是罗克福干酪？

③点法国洋葱汤时需问清是否配帕尔玛奶酪。

Would you like to have parmesan cheese with your onion soup?

您的洋葱汤是否需配帕尔玛奶酪？

④在客人前制作 caesar salad（恺撒沙拉）时，要将装有各种调料的盆子端给客人看，征询客人是否要放全每种调料。

⑤西餐讲究菜肴与酒水的搭配，服务员应该根据客人所点菜肴推销相应的酒水。开胃品一般与开胃酒搭配；头盆一般选用低度、干型的白葡萄酒；汤类一般不用配酒；副盆一般配干白葡萄酒、玫瑰红葡萄酒或低度干红葡萄酒；主菜一般配红葡萄酒；甜品一般配餐后甜酒；法国香槟可以与任何菜肴搭配。

（4）点菜推销技巧。

1）灵活运用点菜服务方法。

在接受客人点菜时，服务员要掌握方法并具备灵活处理问题的能力。一般而言，点菜服务的方法有如下几种：

①程序点菜法：指按冷菜、热菜、酒水、主食的程序进行。

②推荐点菜法：指向客人推荐店内的招牌菜、特色菜、时令菜、创新菜等。

③推销点菜法：指按客人的消费动机来进行推销。

A. 便餐。来餐厅吃便餐的客人有各种情况，有外地来出差、旅游、学习的客人，就近解决吃饭问题；有居住在附近的居民因某种情况而来用餐等。这些消费者要求菜点经济实惠、品种不要太多，但要求快，所以应主动介绍价廉物美、制作时间短的菜肴。

B. 调剂口味。这类客人一般是慕名而来，他们想尝尝酒店的风味特色、名菜、名点或专门是为某一道菜肴而来，这种情况下要注意多介绍一些有特色的菜肴，要少而精。

C. 宴请。如商务、结婚、祝寿、满月等各类宴请，这类客人讲究排场，需注意菜肴的精美。

D. 聚餐。如朋友、同事聚会，要求热闹、边吃边谈，对菜肴的要求一般，品种应丰富，精细而不贵。

④心理点菜法：指根据客人的个性特点来进行推销。

A. 炫耀型。这类客人情感丰富，重友情、好面子、炫耀富有，慷慨邀请朋友，对菜肴不求快只求好。

B. 茫然型。这类客人较少在外用餐，不知在哪个餐厅好，不知吃什么好，对就餐知识和经验比较缺乏，这时候服务员应当替客人做好参谋。

C. 习惯型。这类客人并不一定要求食物要有独特的风味，但由于长期食用，在决定就餐时形成了一种心理惯性。这类客人表现为偏好某种小吃，喜好于某一饭菜的风味，或信奉某一餐厅、某一厨师的声誉。

2）注意点菜推销的语言技巧。

在餐厅推销菜品一般不会超过十分钟，这就与其他产品推销有很大区别。点菜服务员必须通过简短准确的问询谈话来判定客人需要什么、不需要什么。作为一名点菜服务员，在接受点菜的过程中应掌握点菜推销的语言技巧，才能出色地完成点菜服务工作。

①选择问句。用选择性的推销语言询问客人，更容易使客人作出决定，如："请问您是来点啤酒还是白酒?"而不是说："请问您要点酒吗?"

②语言的加法。罗列菜肴的优点向客人介绍，让客人因为你罗列的优点而对菜肴感兴趣。如"这道菜不仅味道好，原料十分新鲜，含有多种营养成分，而且有美容抗衰老的功效"。

③语言的减法。对客人说明本店特色，如果没有吃到会觉得很遗憾。如"这种野菜只有现在这个季节才有，您如果现在不品尝，就得再等一年才有机会尝到了"。

④语言的转折法。首先顺着客人的意思，然后委婉的转折，既照顾了客人的面子又能顺利推销产品。如"这道菜确实贵了，但是其原料比较名贵，制作工艺比较复杂，口味别具一格，您不妨一尝"。

⑤语言的除法。就是化整为零，如对客人解释"这道菜 280 元一份，每位不过才 28 元，很实惠的"。

⑥借名人之口法。顾名思义就是借名人的赞美来推销自己的产品。如"毛泽东曾赞誉过湖北的武昌鱼，您如果品尝一下一定会有同感的"。

⑦赞语法。就是在对菜肴介绍时使用赞语。如"这道澳洲烤羊排是我们这里的招牌菜之一，您不妨尝尝"。

⑧亲近法。这个方法多用于向熟悉客户推销。如"今天我给你介绍一道好菜，是最新推出的特色菜肴。您尝尝如何?"

3）如何为客人推荐菜肴。

①按菜肴的搭配原则（颜色、营养、风味、数量、价格）为客人推荐菜肴。

②对贵客或商务客人可推荐名贵的特色菜以示对他们的尊敬。

③对于比较在意账单金额的客人应推荐一些经济实惠的菜肴。

④对节食的客人可推荐一些低热量的菜肴。

⑤推荐菜肴时多使用建议性语言。

⑥推荐菜肴时在考虑价位的同时，还应了解其成本率，以期达到利润最大化。

⑦向客人推荐菜肴时，语言应简明具体。

⑧在给客人介绍特色菜时要说出菜名并略作说明，如"我店有适合小朋友吃的甜品——桃子冰淇淋"。

⑨如果客人所点的菜没有，要及时推荐相近或类似的菜肴。

⑩如果客人点的菜不全，要马上建议补充。

总之，在推荐菜肴时无论是客人提出，还是服务员主动服务都不可使用命令式或强制性的语言，服务员应针对客人的需要提出建议性说明。

（5）点菜的注意事项。

1）点菜单的填写要求。

①填写点菜单时要书写清楚、规范。

②通常根据菜单上的项目次序分类填写。

③填写菜单时酒水、冷菜、热菜和点心要分开填写。

④注明上主食的时间，便于厨师备菜和服务员上菜。

⑤记清客人的特殊要求。

⑥点菜单一式四份，收款台、厨房（酒吧）、传菜员、服务员各一份。

⑦点菜单上要注明用餐日期、时间、台号、人数、服务员姓名。

⑧填写完点菜单后，应再次核对，以防出现差错。

2）点菜时回答客人询问。

服务员应了解并掌握客人在点菜时经常会提出的一些关于服务、菜肴或与饭店服务无关的问题。这样有利于服务员较好地回答客人的询问，给客人留下良好的印象，有利于增加客人对餐厅及自己的信任感。客人经常询问的问题有：

①本餐厅的基本情况，如餐厅的营业时间、电话号码、菜肴特色、风味、传统菜肴的典故。

②餐厅的整体基本情况，如餐厅有哪些康乐服务项目、营业时间、地点，商务中心在何处等。

③当地自然旅游景点及历史名胜。

④来餐厅的行车路线。

3）点菜记录单的放置方法。

点菜单在厨房如何放置，不仅关系到厨师对食品的准备，而且对整个服务效果有很大的影响。所以在为客人点完菜后应以最快的速度将订单分送厨房、酒吧、传菜员、收款员。

每个餐厅都应制定一套行之有效的方法，下面两种方法最为常见。

①将点菜记录单放在圆轴架上。新的点菜记录放在右边，以保证厨师按客人点菜的先后次序从排在左边的记录单上的菜开始做菜。

②服务员把点菜记录输入计算机系统。通过自动传递，厨房就能从屏幕上看到所点的菜肴名称、日期时间、顺序。

三、餐中接待服务

餐中接待服务是指将客人所点的食品、酒水，按一定的程序标准送到餐桌，进行服务，并在整个进餐过程中照料客人的各种需求，最大限度地达到客人满意的过程。此环节是服务人员与客人接触时间最长的环节，它直接面对客人，充分体现餐饮产品无形性、同步性、主观性的特点。此环节的具体内容有酒水服务、菜肴服务、席间服务、结账服务及送客服务等。

1. 酒水服务

服务人员将酒水取出后要先检查酒瓶是否干净、饮料是否过期、包装是否变形等，确认无误后拿到工作台上当着客人的面将酒水打开，准确地为每位客人提供酒水服务。酒水服务流程主要包括斟酒前准备、向客人示瓶、开瓶以及斟酒等步骤，如图 2 -9 所示。

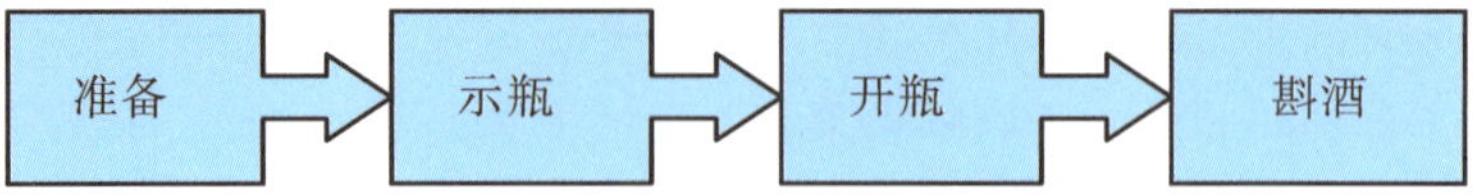

图 2－9　酒水服务流程

（1）准备。

1）准备杯具。服务员应根据酒类品种配备酒杯，并检查酒杯的洁净及完好程度。

2）准备酒水，检查酒液。

3）酒的适宜饮用温度处理。

①处理方法。

A. 冰镇（降温）。

之所以需要冰镇酒水是因为许多酒水的最佳饮用温度是低于室温的。如啤酒的最佳饮用温度为8℃～10℃；白葡萄酒的最佳饮用温度为8℃～12℃；香槟酒和有汽葡萄酒的最佳饮用温度为6℃～8℃。因此，在饮用前需要对此类酒作冰镇处理，这是向宾客提供优质服务的一个重要内容。

冰镇的三种方法包括：

a. 冰箱冷藏法。直接将酒瓶放入冰箱冷藏室内。应注意冷藏和冷冻是有区别的，有些酒类如啤酒在低于－10℃时，酒液就变得混浊不清了。啤酒和软饮料贮存在接近4℃的温度下较为理想。

b. 冰块冰镇法。冰块冰镇法包括两种方法：一种是直接将冰块放入酒液饮料中；一种是将酒瓶插入放有冰块的冰桶中，即冰桶中放入1/3方形冰块与1/3水，酒瓶斜插入冰桶中，十多分钟后可达到降温效果，之后用架子托住桶底，连桶送至客人餐桌边。可用一块口布搭在酒瓶身上。名贵的瓶装酒大都采用冰镇的方法来降温。

c. 溜杯。这种方法是用冰块对杯具进行降温处理，常用于调制鸡尾酒。服务员手持酒杯下部，在杯中放入一冰块，转动杯子，使冰块沿杯壁滑动，以此达到降低杯子温度的目的。

B. 温烫（升温）。

温烫的目的：需要在常温以上饮用效果才更佳的酒，适用于黄酒、加饭酒、日本清酒以及某些鸡尾酒的饮用。

温烫的四种方法包括：

a. 水烫：将酒液倒入温酒壶中，放入热水中，以水为媒介的加热方法。

b. 火烤：将酒液倒入耐热器皿中，直接放置于火上的加热方法。

c. 燃烧：将酒液倒入杯后，将杯子置于酒精液体内，点燃酒精加热的方法。

d. 注入：将热饮（茶、水、咖啡等）注入酒液或将酒液注入热饮中升温的方法。

注意：水烫和燃烧一般要当着客人的面进行操作。

②不同类型的酒的温度处理和方法。

A. 白酒。普通白酒用热水烫至20℃～25℃，以去除酒中的寒气。但名贵酒品如茅台、汾酒等，不需要烫酒，以保持其原有的香气。

B. 黄酒。黄酒烫至35℃左右。

C. 啤酒。啤酒最佳饮用温度为8℃～10℃，可稍微冰镇一下，但不能镇得太凉。因啤酒含有丰富的蛋白质，在4℃以下会结成沉淀，影响口感。

D. 白葡萄酒。白葡萄酒的芬芳香味比红葡萄酒容易挥发，在饮用时才可开瓶。白葡萄酒应冰镇，饮前把酒瓶放在碎冰内冰镇，但不可放入冰箱。味清淡者10℃为宜，味甜者8℃为宜。

E. 红葡萄酒。不用冰镇，在室温或常温下饮用。服务前先开瓶，放在桌子上，使其酒香洋溢于室内，温度在18℃～20℃为宜。服务前先放在餐室内，使其温度与室内温度相等。但在30℃以上的暑期，应将酒降温至18℃左右为宜。

F. 香槟酒。为了使香槟酒内的气泡明亮闪烁的时间久一些，要把香槟酒瓶放在碎冰内降温至6℃～8℃时再开瓶饮用。

（2）示瓶。

1）示瓶是指在酒瓶开启前向主人展示所点的酒水的商标。这样做的目的，一可以避免差错，二表示对客人的尊重，三可以促进销售。

2）示瓶是斟酒服务的第一道程序，它标志着服务操作的开始。基本操作手法如下：服务员站立在主人的右侧，左手托瓶底，右手扶瓶颈，商标朝向客人，让其辨认。客人认可后，才可进行下一步的操作。

（3）开瓶。

酒水瓶罐封口常见的有皇冠瓶盖、易拉环、软木瓶塞和旋转瓶盖等。常用开启酒水瓶盖的工具有开塞钻和扳手。

（4）斟酒。

1）斟酒的服务要领见表2－3。

表2－3 斟酒服务要领

斟酒操作	具体要领	技艺要求
握瓶姿势	①手持瓶的下半部，食指指向瓶颈（缓冲）。 ②手背朝上，掌根与瓶底相齐。 ③将酒瓶上的商标朝向客人。 ④利用腕力和手指的力量控制酒液的流速。	
斟酒三步法	服务员侧身以右脚伸入两椅之间最佳位置为客人斟酒水，之后右脚抽出向前走一步，即迈出的第一步；第二步，左脚进跟向前再迈出一步；第三步，右脚伸入宾客的两椅之间。整个过程共三步，便于服务员提高工作效率，斟酒姿势更加美观。	①技术性强，具有表演性。 ②斟酒要求高，要做到不滴不洒、不少不溢。

（续上表）

斟酒操作	具体要领	技艺要求
斟酒	①斟酒时，瓶口略高于杯口 1～2 厘米。 ②斟完后，稍停，将瓶口抬高 3 厘米，同时手腕顺时针旋转 45°后抽走，使最后一滴均匀分布于瓶口边沿，以免滴落到客人的身上或餐布上。 ③每斟完一杯，用酒布擦瓶口。	

2）斟酒的方法及其操作规范。

斟酒分托盘斟酒和徒手斟酒两种方法，其操作规范如表 2－4 所示。

表 2－4　斟酒操作规范

方法	操作规范	
托盘斟酒	准备	①检查酒水标志和酒水质量。 ②擦拭酒瓶。 ③按规范将酒瓶摆放在托盘内。
	斟酒	①站在客人的右后侧，按先宾后主的次序斟酒。 ②左手托盘，右脚向前，侧身而立，保持平稳。 ③向客人展示托盘中的酒水、饮料，示意客人选择自己喜欢的酒水、饮料。 ④待客人选定酒水、饮料后，服务员直起上身，将托盘移至客人身后。托盘移动时，左臂要将托盘向外托送，避免托盘碰到客人。 ⑤用右手从托盘上取下客人所需的酒水进行服务。 ⑥斟酒时要掌握好酒瓶的倾斜度并控制好斟酒的速度，瓶口不能碰到酒杯。 ⑦斟酒完毕，将瓶口抬起并顺时针旋转 45°后将瓶收回。
徒手斟酒	准备	①双手消毒。 ②检查酒水质量。 ③擦拭酒瓶。 ④准备一块消过毒的服务布巾。
	斟酒	①斟酒时，服务员站在客人的右后侧，按先宾后主的次序斟酒。 ②左手持布巾背在身后，右脚向前，侧身而立，右手持瓶向前伸出。 ③将酒瓶商标朝上展示给客人，示意客人确认酒水、饮料。 ④待客人确认后，服务员用右手为客人斟酒。 ⑤斟酒时要掌握好酒瓶的倾斜度并控制好斟酒的速度，瓶口不能碰到杯口。 ⑥斟酒完毕，将瓶口抬起并顺时针旋转 45°后将瓶收回，再用左手中的布巾将残留在瓶口的酒水拭去。

2. 菜肴服务

上菜时，服务员应站在工作位进行。服务员在传菜员手中将菜肴送上餐桌后，并确认菜肴准确无误后，应将此菜名在订菜单上画掉，同时，根据客人的消费档次和要求灵活地为客人提供分菜服务。菜肴服务流程主要包括接受菜肴、上菜到桌、报菜名、派菜、分菜服务等，如图 2－10 所示。

图 2－10　菜肴服务流程

（1）及时准确规范地上菜。

1）上菜服务流程及注意事项，如表 2－5 所示。

表 2－5　上菜服务流程及注意事项

上菜流程	注意事项
上菜顺序	中餐常见上菜顺序一般为：冷菜——热菜——汤——点心——水果。 注意：上菜顺序会因为各地的风俗礼仪的不同而有所差异。在广东，汤菜提前在主菜之前上；在新疆，先上饭食与点心，然后才上凉菜与热菜。
上菜位置	中餐宴会上菜位置一般在翻译和陪同之间进行，也有的在副主人位右边进行，这样有利于翻译和副主人向来宾介绍菜肴口味、名称，但严禁从主人和主宾之间上菜。 注意：在中级餐厅服务培训中，上菜位置为副主人右边的第一、二客人之间。
报菜名	每上一道菜均应报出菜名。
展示菜肴	顺时针转动转台，将新上的菜转至主宾面前，特色菜肴应作简单介绍；大圆桌上菜时，每上一道新菜都应用转盘转至主宾面前，以示尊重。
菜肴摆放	各种菜肴要对称摆放，要讲究艺术造型： ①菜盘一般根据桌面菜肴数量摆放，做到“一中心，二平放，三三角，四四角，五六均梅花”。 ②摆放时注意荤素、颜色、口味的搭配和间隔，盘与盘之间的距离应相等。 ③如果有的热菜使用长盘，其盘子要横向朝着主人。 ④上整鸭、整鸡、整鱼时，中国传统的礼貌习惯是“鸡不献头，鸭不献掌，鱼不献脊”，即上菜时将其头部一律向右，腹部朝主人，表示对客人的尊重。或者根据当地的上菜习惯摆放。 注意：餐桌上严禁盘子叠盘子，应及时撤去空菜盘，保持台面美观。上菜与撤菜的位置相同。菜上齐应告知客人，如“菜已上齐，请慢用”。
上菜时机	大型宴会开始前 15 分钟左右把冷盘摆好；宴会开始，当客人将冷菜用到剩 1/3 ~ 1/2 时，开始上第一道热菜。上菜的速度，应根据宴会客人就餐的情况而定，注意控制上菜的节奏。

2）几种特殊菜肴的上菜方法。

①易变形的菜肴：一出锅便立即端上餐桌，上菜时要轻、要稳，以保持菜肴的形状和风味。

②有响声的菜：对于锅巴海参、锅巴鱿鱼、锅巴肉片等有响声的菜，一出锅就要以最快的速度端上餐台，立即把汤汁浇在锅巴上，使之发出响声，以达到烘托气氛的目的。

③拔丝菜肴：应先上凉开水，再上拔丝菜。

④带有佐料的菜肴：佐料应跟菜肴一起上桌，如清蒸鱼附带姜制醋，北京烧鸭附带葱段、甜面酱等，在上菜时可略作说明。

⑤原盅炖菜：如冬瓜盅、西瓜盅、原盅鸡等，上桌后要当着客人的面揭盖，让炖品原制香味在餐台上散发。揭盖时要翻转移开，以免将盖上的蒸汽水滴洒在客人身上。

⑥泥包菜、纸包菜、荷叶包菜：如叫花鸡、纸包鸡、荷香鸡等要先让客人观赏后，再拿到操作台上当着客人的面打破或撕开包装，用刀叉切开装盘，并按顺序分给每位客人，这样可保持菜肴的香味和温度，显示出独具一格的风味。

3）上菜时所需的配料及餐具，如表 2－6 所示。

表 2－6　不同菜肴所需配料及餐具

菜名	所需配料及餐具	菜名	所需配料及餐具
片皮鸭	海鲜酱、千层饼、葱球、白糖	焗禾花	柠檬汁
乳猪	白糖、千层饼、酸菜、葱球、甜酱	白玉珍藏	酱油
火焰竹节虾	姜蓉、浙醋	冬瓜盅	盐瓶
脆皮鸡	淮盐、喼汁	脆皮大肠	淮盐、喼汁
清汤鱼翅	浙醋、银针	拼盘杧果	甜品匙
拔丝甜菜	冷开水	哈密瓜	餐刀、餐叉
蛇羹	菊花叶、薄脆、柠檬叶	炸春卷	淮盐、喼汁
白灼虾及有壳的菜式	洗手盘、小毛巾	糖醋咕噜肉	酸笋、辣椒

（2）适当规范地提供分菜服务。

在散客接待中，应事先征求客人的意见，是否需要帮他们分菜。在提供分菜服务时要求服务员操作卫生、分派均匀、动作敏捷、规范而优雅，应从主宾开始按顺时针方向依次进行。

分菜时尽量做到一勺准、一叉准，菜量分让做到均匀一致，不要让客人有厚此薄彼的感觉。切忌出现一碟分两勺或者多分后回收的现象。

分菜完毕后，根据不同菜品的数量应有一定余量，以示菜品丰盛，也可让喜欢该菜的客人添加。若是高档菜肴，应一次分匀、分光。

分菜要均匀，包括荤素搭配均匀、汁菜搭配均匀等。头、尾、骨、刺等不能分给客人。

（3）分菜服务方法及操作说明，如表 2－7 所示。

表 2－7 分菜服务方法及操作说明

分菜方法	分菜操作说明
转盘式分菜服务	①提前将与客人人数相等的餐碟有秩序地摆放在转台上，并将分菜用具放在相应位置，核对菜名，双手将菜奉上，示菜并报菜名。 ②用长柄勺、筷子或分叉、分勺分派，全部分完后，将分菜用具放在空菜盘里。 ③迅速撤身，取托盘，从主宾右侧开始，按顺时针方向绕台进行，撤前一道菜的餐碟后，从转盘上取菜端给客人。 ④完成后，将空盘和分菜用具一同撤下。
旁桌式分菜服务	①在客人餐桌旁放置一辆服务车或服务桌，准备好干净的餐盘和分菜用具。 ②核对菜名，双手将菜端上餐桌，示菜并报菜名；将菜取下放在服务车或服务桌上分菜。 ③菜分好后，从主宾右侧开始，按顺时针方向将餐盘送上。 ④在旁桌上分菜时应面对客人，以便客人观赏。
分菜叉、分菜勺派菜法	①核对菜品，双手将菜肴端至转盘上，示菜并报菜名；然后将菜取下，左手用餐巾托垫菜盘，右手拿分菜叉和勺。 ②从主宾右侧开始，按顺时针方向绕台进行；动作姿势为左腿在前，上身微前倾，呼吸均匀。 ③分菜时做到一勺准，数量均匀，可以一次性将菜肴全部分完，但有些地区要求分完后盘中略有剩余，并放置在转盘上。
各客式分菜服务	此法适用于汤菜、羹类、炖品或高档宴会分菜。
分菜注意要点	①分菜时要手法卫生，动作干脆利落。 ②分菜时要数量均匀，做到前分后分一个样，而且每一位客人每一种原料都要分到。 ③有卤汁的菜肴，分菜时要带卤汁；有配料的菜要先将配料放入餐盘。 ④菜不可全部分完，留下 1/3 左右，以示菜品分量足，也便于客人添加。

（4）几种特殊菜肴的分让方法。

1）冬瓜盅的分法。先将冬瓜盅的汤料搅匀，然后将冬瓜肉刮下，与汤水的汤料一起分与客人。分完第一趟后，再用餐刀将上半部分冬瓜皮削去。切冬瓜皮的手法：用餐叉叉住冬瓜皮，后用餐刀从上至下切约 1 寸，再转刀横削，一般分四份切削完毕，削出的冬瓜皮放在备用的碟子上。

2）原只鸡的分法。左手拿筷子，先把鸡腿肉均匀地放在公勺里，再将旁边的菜夹放在公勺里，然后反转公勺，把肉菜盖在客人的餐碟上。

3）原条鱼的分法。首先将盖在鱼上的配料拨在一边，然后用公勺压住鱼头，用餐刀在鱼背上切开，挑出鱼翅，拉出整条鱼骨，尽量将鱼恢复原样，再将鱼汁均匀地淋在鱼身上，按主宾次序进行分让。

3. 席间服务

席间服务几乎贯穿餐厅服务的全过程，服务质量的好坏直接影响到餐厅服务的质量。而席间服务又特别多，因此要注意操作细节，并学会与客人进行良好的沟通。

1）席间服务流程及服务标准，如表 2－8 所示。

表 2－8　席间服务流程及服务标准

流程	服务标准
上菜、分菜服务	①服务技巧同上菜、分菜服务技能。 ②把握上菜时机，合理适时分菜（具体标准同前）。
酒水服务	①时刻观察客人用酒情况，在客人饮用剩至 1/3 时，及时斟酒。 ②掌握客人酒水情况，及时推销、提供、添加酒水（具体标准同前）。
撤换餐具	①撤换餐盘时，要待客人将盘中食物吃完，方可进行。如客人放下筷子而菜未吃完的，应征得客人同意后才能撤换。 ②按先宾后主的顺序依次撤换。 ③使用托盘撤换时，先在客人的左侧送上干净的餐盘，再在客人的右侧撤下脏的餐盘，左手托盘，右手撤餐具，动作要轻、稳。 ④徒手撤盘时，站在客人右侧，用右手撤下，将其放入左手，左手要移到客人身后。 ⑤将用过的餐具及时撤下。
撤换烟灰缸	①客人的烟灰缸有两个烟头或有明显的杂物时就及时撤换。 ②撤换时，应用托盘上干净的烟灰缸，用右手的拇指和中指捏紧一个干净的烟灰缸的外壁，从客人的右侧将干净烟灰缸盖在已用过的脏烟灰缸上。 ③将两只烟灰缸同时移入托盘，然后再将清洁的烟灰缸放回餐桌上，这样可以避免烟灰飞扬而污染菜点和落到客人身上。
香烟服务	①服务员左手持火柴盒，右手的食指和拇指持火柴底部，由外向里将火柴头在盒侧的磷面上划着。 ②在划火柴的过程中，服务员应侧身避开，待火柴完全燃烧后再送到客人面前。 ③点着香烟后，摇熄或吹熄火柴，将剩余的火柴棍装入火柴盒。 ④使用打火机为客人点烟，须事先对其火焰进行检查。 ⑤操作时用右手握打火机，大拇指按住打火机开关，在客人侧面将火打着后从下往上移送过去。
更换毛巾	①程序同第一次毛巾服务（标准同入席服务中的第一次毛巾服务）。 ②一般宴会每两道菜更换一次毛巾。
餐桌卫生清洁	①时刻保持餐台清洁卫生，出现杂物或空盘时，应征得客人同意后及时撤去。 ②如果餐桌台面上有剩余食物，要用专用的服务用具，切记不可用手直接操作。
解决疑难问题	①遇有客人喝醉应及时上毛巾、热茶，并备好塑料袋，以防客人呕吐，然后告知领班或主管。 ②遇有客人打翻茶碗、茶杯等，应及时递上毛巾，安慰客人不必惊慌。 ③遇有缺菜时，应婉转告诉客人，并推荐其他菜肴。 ④遇有上菜错误时，如客人未用，应征求意见是否需要。如不用，表示歉意，并快速撤下；如客人说要，就加单。如客人已动筷，就酌情赠送或撤下。 ⑤遇有菜肴有杂物时，先道歉并撤下该菜，告知主管去处理。 提示：应及时发现并解决问题，让客人满意。

2）席间服务的时机及方法。

①撤换餐用具服务。

A. 撤换餐用具的时机：上完带壳、带骨的菜肴或带糖醋、浓味汁的菜肴后需更换骨碟；上名贵菜肴前应更换骨碟；在上完口味差异较大菜肴时应更换骨碟；上甜品、水果前要更换餐具；汤碗应用一次换一次；若烟灰缸里有两个以上烟头或杂物时，应立即撤换。

B. 撤换餐用具的方法：在客人右边进行服务，左手托盘，右手先撤下用过的骨碟，然后送上干净的骨碟。撤换餐用具的顺序：从主宾位开始顺时针方向绕台进行。

撤换烟灰缸常见的方法有“以一换一”和“以二换一”两种。

a. “以一换一”法：拿一只干净的烟灰缸，倒扣在小托盘里；把干净的烟灰缸倒扣在用过的烟灰缸上；将两只烟灰缸一起放进托盘里，避免烟灰飞扬；再将上面的干净烟灰缸摆放回餐桌上，如图 2－11 所示。

b. “以二换一”法：托盘里放两只干净的烟灰缸，先将一只干净的烟灰缸放在脏烟灰缸旁边；另外拿一只干净的烟灰缸倒扣在脏烟灰缸上一同取下，避免烟灰飞扬；再将先放下的干净烟灰缸复位即可，如图 2－12 所示。

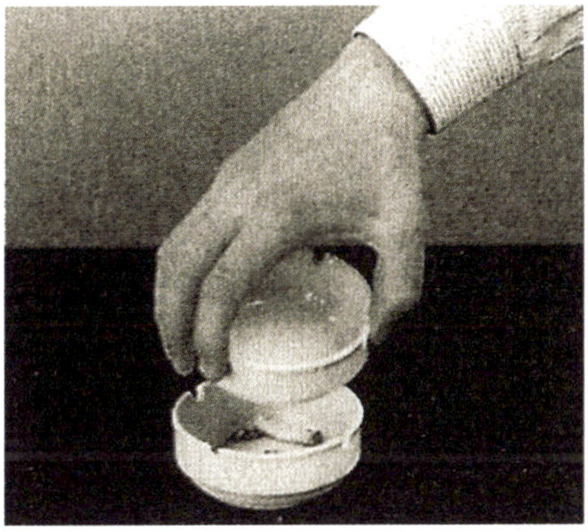

图 2－11　“以一换一”法

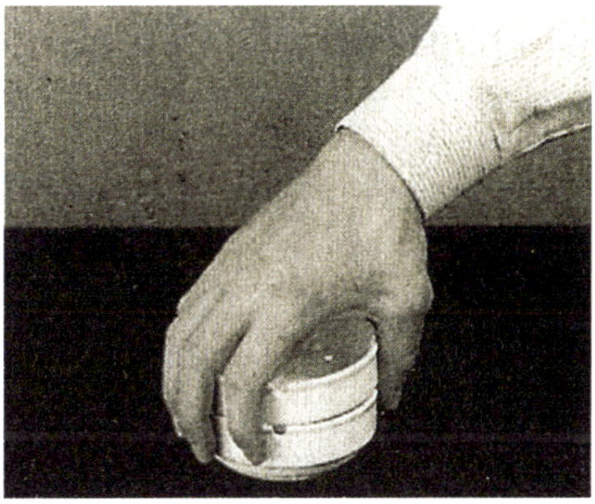

图 2－12　“以二换一”法

②香烟服务。

A. 客人订香烟后，立即开出订单，到吧台或收银台处取香烟。

B. 打开香烟盒，将香烟盒上端打开，取下 1/3 锡纸，轻敲底部，使香烟自行滑出五支左右，伸出长度可以为 1 厘米、2 厘米、3 厘米不等。

C. 将香烟放在垫有花纸垫的骨碟内，配火柴，用托盘端送给客人。

D. 当客人准备抽烟时，应立即上前为其点烟。点烟时火柴划向自己，当火苗稳定后，再给客人点烟，一根火柴最多为两位客人点烟。

E. 火柴棍摇灭后，放在烟灰缸内。

F. 用打火机替客人点烟时应注意调节火苗的大小，点着后招呼客人，一次最多为两位客人点烟，如果需要可以熄灭后再次打着。

③咖啡、茶的服务。

A. 将干净的咖啡具放在主托盘上，摆放在宾客台面上，在客人右侧服务。

B. 如客人只喝咖啡、茶，杯具放于客人的正前方。

C. 如客人同时食用甜食，杯具放于客人右手侧。

D. 确保给客人服务的茶、咖啡新鲜、滚热。

E. 给客人服务完咖啡、茶后需服务糖、奶，用左手端盘从客人右侧询问客人糖、奶的用量。

F. 服务完毕后将糖、奶放于台面上便于客人取到的位置。

④小甜点的服务。

A. 餐厅内用餐完毕的客人在饮用咖啡、茶时需服务小甜点。

B. 小甜点放于铺有花纸的甜食盘上，摆放整齐美观。

C. 服务时必须示意客人。

D. 将甜点盘放于糖、奶罐的旁边。

3）席间服务要求。

在客人用餐时，服务员要勤巡视、勤斟酒、勤换烟灰缸，并细心观察客人的表情及需求，主动提供服务。

①保持转盘整洁。

②客人席间离座时，服务员应主动帮助拉椅、整理餐巾；客人回座时，应重新拉椅、铺餐巾。

③客人席间站起敬酒时，服务员应立即上前将椅子向外稍拉，坐下时向里稍推，以方便客人站立和坐下。

④上甜品水果前，送上相应餐具和小毛巾，撤去除酒杯、茶杯和牙签筒以外的全部餐具，抹净转盘，服务甜点和水果。

⑤客人用完水果后，撤去水果盘并摆上鲜花，以示用餐结束。

4）席间服务注意事项。

①服务操作时，注意轻拿轻放，严防打碎餐具物品而破坏场内气氛。

②在服务过程中应注意节奏，不能过快或过慢，应以客人进餐速度为准。

③当宾、主在席间讲话或举行特殊仪式时，服务员要停止操作，迅速退至工作台两侧肃立，姿势要端正，排列要整齐，餐厅内要保持安静，切忌发出响声。

④席间若有客人突感身体不适，应立即请医务室协助并向主管汇报；同时将食物原样保存，留待化验。

⑤用餐结束后，应主动征求宾、主及陪同人员对服务和菜点的意见，礼貌地与客人道别。

⑥餐厅主管要对完成任务的情况进行小结，以便不断提高服务质量和服务水平。

4. 结账收银

上菜完毕后即可作结账准备。宾客通常采用的结账方式主要有现金结账、信用卡结账、支票结账、签单结账四种。结账时要注意清点所有酒水、香烟等包括宴会菜单以外的加菜费用并累计总数，防止逃账或漏账现象的发生。结账的服务流程及服务标准，如表 2－9 所示。

表2-9 结账服务流程及服务标准

流程		服务标准
结账准备		当客人用餐完毕示意结账时，服务员应立即到收银台取出账单并核对。用账单夹或收银盘将账单递送给客人。账单正面朝向客人，并准备好结账用笔。
递送账单		走到主人右侧，打开账单夹，右手持账单夹上端，左手轻托账单夹下端，递至主人面前，请主人察看账单："先生/女士，这是您的账单，请过目。"注意不要让其他客人看到，不要主动报出账单总金额。
根据客人选择的结账方式结账	现金结账	①客人付现金后，应礼貌致谢，并将现金用账单夹或收银盘送到收银台办理结账手续；然后将找回的零钱和发票用收银夹或收银盘送交客人，请客人当面点清。 ②服务员将账单上联、所找零钱及发票夹在结账夹内，返回站在客人右侧，打开账单夹，递送给客人："这是找您的零钱，请点清。"并向客人礼貌致谢。 ③如客人要求到收银台结账，服务员应礼貌地引领客人到收银台。
	信用卡结账	①确认客人使用的信用卡是本饭店接纳的，检查持卡人姓名、性别、信用卡有效期、持卡人本人身份证（需要时出示）等，并向客人致谢。 ②将信用卡、身份证和账单递交收银台。收银员再次检查信用卡有效期、持卡人姓名、身份证，仔细核对信用卡、公司的名称，确认无误后，填写信用卡表格，刷卡办理结账手续。 ③请客人确认，并在签购单持卡人签名处签名。核对客人签名与信用卡背后签名是否一致。将存根联、信用卡、身份证和发票交还客人，并真诚地致谢。
	支票结账	①核对支票的有效期限，请客人出示有效证件，检查支票的有关印章、电脑密码等，请客人告知联系电话，并礼貌地向客人致谢。 ②送交收银员办理结账手续，如填写支票，记下客人的证件号码和联系电话。 ③服务员将支票存根、有关证件和发票送还客人，并真诚地致谢。 提示：支票结账适于大企业、大公司的订餐或大型宴会、旅游团队用餐。
	签单结账	①客人出示"欢迎卡"或"协议签单证明"时，服务员应递上笔，并核对"欢迎卡"或"协议签单证明"。 ②请客人在账单上填写房号并用正楷签名，或填清协议单位，并用正楷签名。 ③客人签完后须将账单的第一联、第二联交收银员核对。 ④收银员将账单正本留存，第二联交总台，以便客人离店时付清。协议客人账单的第二联交财务部，由财务部定期同消费单位结账。
备注：在餐厅服务中，客人结账后通常会给服务员小费。小费是客人对服务表示满意而给予的奖励，而不是服务员的某种权利。至于小费的数额以及客人给不给小费，业界没有硬性的规定。因此，服务员要正确对待小费。		

5. 送客服务

送客服务是餐厅服务工作能否做到善始善终的体现，是巩固第一印象，给客人留下完美印象、吸引下次消费行为的关键，同时也是饭店管理水平的体现。在送客服务中，服务员应做好征询意见、为客人拉椅、提醒客人带好随身物品、送客道别、物品检查等工作，做到礼貌、耐心、周到，让客人高兴而来，满意而归。送客服务流程及服务标准如表 2-10 所示。

表 2-10 送客服务流程及服务标准

流程	服务标准
征询意见	客人用餐完毕后应主动征询客人的意见和建议，做好记录，同时向客人表示感谢。
打包	客人提出打包时，服务员应迅速到收银台领取相应数量的食品袋或食品盒，为客人将食品包装好。
拉椅提醒	①客人起身准备离开时，应上前为客人拉椅，以方便客人离席行走。 ②客人起身后，向客人致谢并提醒客人勿遗漏物品。
取递衣帽	衣帽间服务员应根据取衣牌号码，及时、准确地将衣帽取递给客人。
致谢道别	与客人礼貌道别，向客人表示感谢，诚恳欢迎客人再次光临。
送客离开	①在客人前方，将客人送至餐厅门口。 ②当客人走出餐厅门口时，引位员或餐厅经理再次向客人致谢、道别。 ③迎宾员应帮助客人按电梯，并在电梯来后，送客人进入电梯，目送客人离开。 ④如遇特殊天气（如雨天等），应为没带伞的客人打伞、扶老携幼、帮助客人叫出租车，直至客人安全离开为止。 ⑤重大餐饮活动的欢送要隆重、热烈，服务员可列队相送，让客人感到宾至如归。 提醒：客人不想离开时绝对不能催促。
物品检查	①送走客人后，服务员应立刻回到服务区域，再次检查是否有客人遗留的物品。 ②如发现有客人遗留的物品，应立即追上客人，交到客人手里。 ③如客人已经离开，要向餐厅经理汇报，将物品交给大堂副理。

四、餐后整理工作

餐后整理工作是指全部用餐客人或大部分就餐人员已离开餐厅后，服务员迅速收拾台面、重新摆台、整理餐厅、安全检查及小结当日工作等。该项收尾整理工作有时是在其他客人仍在用餐或已有客人在等待餐桌的情况下进行的，所以文明和速度是该程序的重要标准。其服务流程及服务标准如表 2-11 所示。

表 2－11 餐后整理服务流程及服务标准

流程	服务标准
收拾台面	①将桌面上的花瓶、调味瓶和台号牌收到托盘上，暂放于服务桌。 ②用托盘收桌面上的餐具，并送至洗碟机房清洗。收撤的顺序为：银器——餐巾——酒具——瓷器——筷子。 ③桌面清理完后，立即更换台布。如果是使用转盘的餐桌，需先取下已用过的转盘，然后更换台布。 ④用干净布巾把花瓶、调味瓶和台号牌擦干净后按摆台规范摆上桌面。 ⑤把物品分类（干净与脏的要分开）送往备餐间。 ⑥贵重物品要当场清点。 ⑦注意周围的环境卫生，不要将餐纸、杂物、残汤剩菜等乱洒乱扔。 ⑧撤台时如发现客人遗忘的物品，应及时联系客人或上交有关部门。 提示：收撤餐具要轻拿轻放，尽量不要发生碰撞声响。
重新摆台	如果是用餐时间，需迅速重新摆台，以迎接下批客人。
餐厅环境整理	①当营业结束，客人离开后，服务员开始着手餐厅的清理工作。 ②关掉大部分的照明灯，只留适当的灯光供整理餐厅所用。 ③清洁四周护墙及地面，清洁地毯，如有污迹，通知绿化部清洗。
安全检查	①关闭水、电等设备开关，关闭好门窗。 ②由当值负责人做完最后的安全防患检查工作后，填写管理日志。 ③落实餐厅各项安全的防患工作，最后锁好员工出入口、门，方可离岗。
工作小结	①餐厅经理或主管检查收尾工作，必要时召开餐后会，作简短总结并与接班者进行交接。 ②餐厅经理或主管根据当餐服务工作情况，建立客史档案。 ③餐厅经理或主管对当天客人的投诉进行总结，并记录餐厅的改进措施、客人的反馈意见。 ④餐厅经理或主管对餐厅经营情况要记录改进后的效果。

技能训练

一、召开餐前例会

1. 训练方法：角色扮演法，情景模拟法

（1）分组（10～15 人一组）。.

（2）每组推荐一名餐厅主管，其他同学担任服务员。

2. 训练要求

语言流畅，情节合理，内容符合餐厅的接待要求。

二、餐位预订服务

1. 训练方法：情景模拟法

每两人一组，一人扮演预订员，一人扮演客人，并填好相应的预订表格（表格由每组根据预订内容自行设置）。

2. 训练情景

（1）情景一（珠三角地区的学生用普通话演绎，外地学生用粤语演绎）。

预订员：您好，这里是××餐厅。请问您有什么事情？

客　人：您好，我是××公司的。能为我安排明天晚上16人的晚餐吗？

预订员：当然可以，先生。请您告诉我怎么称呼您？

客　人：我叫李明。

预订员：好的，李明先生，是木子李、明天的明吗？

客　人：是的。

预订员：您可以告诉我您需要的是大厅还是包房吗？

客　人：我希望在包房用餐，最好是可以观赏海边风景的房间。

预订员：好的，您一共是16位客人，给您安排在一张大餐台可以吗？如果可以，我们有观海景的大包房，但都设有最低消费，酒水除外每人100元。

客　人：可以，谢谢。

预订员：我为您安排在3楼的云海厅可以吗？请问客人几点钟可以到？

客　人：可以，我们明天下午18时到。

预订员：好的，明天下午18时的16人晚餐。根据本餐厅的规定，可为您保留座位最晚时间到18：30，可以吗？

客　人：可以。

预订员：您是选用零点菜单还是套餐菜单？

客　人：明天再订可以吗？

预订员：李先生，如果您计划选用套餐的话，厨师长需要提前准备，所以最好今天能确定下来。

客　人：那就选用零点菜单吧。

预订员：好的，李明先生，您预订的是明天下午18时3楼云海厅的16人晚餐。您能给我们留下联系电话吗？

客　人：可以，请记录138××××0808。

预订员：谢谢。请问您还有其他需要吗？

客　人：没有，再见！

预订员：恭贺您的光临。再见！

（2）情景二：Dinner Reservations by Phone（电话预订餐位英语对话）（全部同学要求用英文演绎）。

Molly：Hello，Chunky Meat Restaurant，how may I help you?

Gordon：I' d like to make a reservation for tomorrow night possible.
Molly：What time will you arrive?
Gordon：How about a quarter to eight?
Molly：I am terribly sorry，we are all booked up at that time. How about half past nine?
Gordon：Sure，that will be fine.
Molly：How many in your party?
Gordon：There will be four of us.
Molly：Smoking section or non－smoking section?
Gordon：Of course non－smoking.
Molly：Would you like a table or a booth?
Gordon：A soft booth，near a window，please.
Molly：How will you pay，cash，check or charge?
Gordon：All I have is cash，is that all right?
Molly：No problem. Do you have any questions for us?
Gordon：What kind of food do you serve?
Molly：We are an upscale European restaurant.
Gordon：Thanks.
Molly：What name shall I put the reservation under?
Gordon：My name is Bubba Smith.
Molly：You are all set，Mr. Smith.
Gordon：Thanks a bunch.
Molly：Anytime.

三、迎宾与引座服务

1. 训练方法：情景模拟法
（1）分组（5～8 人一组）。
（2）每组推荐一名迎宾员、一名值台服务员，其他同学担任客人。
2. 训练要求
语言流畅，情节合理，内容符合餐厅的接待要求。
3. 训练情景（珠三角地区的学生用普通话演绎，外地学生用粤语演绎）
（1）模拟对话 1。
迎宾员：晚上好！先生，请问您有预订吗?
客　人：我今天早上打电话预订了。
迎宾员：请问先生贵姓？订的几人位?
客　人：我姓章，订的 4 人位。
迎宾员：好的，请稍候（检查预订记录，查找相关记录）。
迎宾员：先生，麻烦您告诉我，您预订时留下的联系方式。

客　人：13××××××××××。

迎宾员：（核对）谢谢！有您的预订记录。这边请！

（2）模拟对话2。

（一位女士穿着一件毛皮大衣走进餐厅）

迎宾员：晚上好，女士。请问您有预订吗？

客　人：我的朋友已经来了很久了（一位客人向她示意）。

迎宾员：对不起，女士，请您把毛皮大衣寄存一下好吗？

客　人：我为什么要交给你们保管？我不喜欢这样。

迎宾员：（有礼貌地微笑）不过您的大衣长了一些，如果用餐期间弄上汤汁或打掉碟盘，也许会弄脏您的大衣，影响您的就餐。

客　人：难道我必须按照你的要求去做吗？

迎宾员：我只是建议您这样做，这是我的职责所在。我们餐厅的信誉一直很好，同客人的关系十分融洽，我们一定会保管好您的物品，您用过餐之后就立即给您拿过来。

客　人：（脸上露出笑容）看到你如此真诚的服务态度，我想我再没有拒绝的理由了。

迎宾员：谢谢您的配合，同时祝您用餐愉快！

（3）模拟对话3。

迎宾员：晚上好！先生，请问您有预订吗？

客　人：没有，现在有位置吗？

迎宾员：对不起，先生。现在客人已满，不知您是否可以等一下？如果有空位我们会及时为您服务的。

客　人：大概需要多久？

迎宾员：15分钟左右，您看可以吗？

客　人：如果我们愿意等待，您能否为我们安排座位？

迎宾员：我会尽全力为您服务的。请您先到那边休息处等待一下，喝杯茶，好吗？顺便先看一下菜单。一会儿服务员会先为您点菜，如果一有空座我会及时通知您的。

客　人：好的，谢谢。

迎宾员：不客气，请随我来（引领客人到休息处）。

四、点菜服务

（一）模拟对话

1. 训练方法一：情景模拟法

（1）分组（5~8人一组）。

（2）每组推荐一名点菜服务员、一名值台服务员，其他同学担任客人。

2. 训练要求

语言流畅，情节合理，内容符合餐厅的接待要求。

3. 训练情景（珠三角地区的学生用普通话演绎，外地学生用粤语演绎）

（1）模拟对话1。

服务员：各位晚上好！我是本台服务员小林，很高兴为大家服务。请问可以点菜了吗？

客　人：（示意）可以了。

服务员：（递上菜单）请。

客　人：我们今天专门来吃四川菜的，听说你们餐厅在川菜方面名气不小，推荐一下吧。要有特色的。

服务员：谢谢您的信赖及夸奖。我们一定会让您吃得满意的。不知您和您的客人喜欢什么样的口味？

客　人：川菜不都是辣的吗？还有什么口味？

服务员：这是大家对川菜的误解啊。川菜也有很多口味清淡的佳肴啊。例如……

客　人：这样啊，那我们考虑一下。

服务员：好的，那我稍后再给您下单，您有什么需要尽管说。

客　人：好的，谢谢。

服务员：不客气，这是我应该做的。

（2）模拟对话2。

服务员：晚上好。很高兴为您服务。点菜之前喝点什么酒吗？

客　人：不了，谢谢。我想我们把开胃酒免了吧，直接点菜。请先让我们看一下菜单。

服务员：（把菜单递给客人）请问现在可以点菜了吗？

客　人：我们还是拿不定主意点什么菜，也许您可以为我们介绍一些主菜。

服务员：好吧。我建议您点一份带骨牛排，许多客人品尝后都说味道好极了。

客　人：你们有把握将带骨牛排烧得很嫩吗？

服务员：是的，请您尽管放心。我们餐厅选用的牛肉都是优质的，是从国内最好的肉类加工厂进的货。

客　人：那好吧，我就点一份带骨牛排和一些牛腰肉吧。牛腰肉请烧得火大一些。请问你们这里有没有新鲜的蔬菜？

服务员：有，芹菜、洋葱、黄瓜以及小萝卜都是今天的特色菜。您喜欢哪一种？

客　人：我点一份芹菜和一份洋葱。

服务员：您点了一份带骨牛排和牛腰肉（火候稍大一些），还有一份芹菜和一份洋葱。请问还要其他的吗？

客　人：就这样吧！

服务员：谢谢。请稍候，马上就好。

（二）案例分析

1. 训练方法二：头脑风暴法

2. 案例

晚上18：00左右，北京某星级饭店西餐厅生意兴隆，来用餐的客人络绎不绝，史密斯夫妇带着客户来此用餐，迎宾员热情地引客入座后，值台服务员小李走上前去准备为客人服务，在征得客人同意后，餐厅领班小赵走上前准备为史密斯夫妇点菜，小赵手拿点菜记录本开始对客人的点酒和点菜进行服务。

如果您是小赵，您该如何替客人点菜？

五、酒水服务

1. 训练方法一：角色扮演法

广州香格里拉大酒店，要进行一个重要的宴请，客人预订了酒水，并对酒水的温度提出了要求。我们作为酒店的服务员，将为客人进行酒水服务，你需做好哪些准备工作呢？

角色1：你是这间酒店的服务员，你负责值台的这桌客人有3位饮黄酒，其余的客人饮红葡葡酒。

角色2：你是这间酒店的服务员，你负责值台的这桌客人有2位饮啤酒，其余的客人饮香槟酒。

角色3：你是这间酒店的服务员，你负责值台的这桌客人有2位饮白酒，其余的客人饮红葡葡酒。

角色4：你是这间酒店的服务员，主人要求在宴会开始前将红葡萄酒先斟好。

2. 训练方法二：实操法——斟酒服务

将学生分为6组，在餐厅实训室进行斟酒服务操作，1名同学操作，其余同学扮演客人，并对服务员的操作技能作出评价。教师引导学生实践任务，并管理学生课堂纪律，重点辅导基础较差的学生，及时解答学生的问题，检查学生完成情况。

要求：每组需分别练习“托盘斟酒”和“徒手斟酒”。

3. 训练方法三：情境模拟法、头脑风暴法——酒水服务学生应变能力训练

设计“酒水服务”中存在的突发问题，要求学生分组讨论解决方案，并口述。

（1）情景一：客人提出要一杯啤酒、汽水的混合物。

（2）情景二：在服务过程中不小心将酒水洒在客人身上。

（3）情景三：客人对红葡萄酒的质量及年份产生怀疑。

（4）情景四：有客人喝醉酒了。

（5）情景五：今天的客人中有人喝红葡萄酒、有人喝啤酒、有人喝花雕。

六、菜肴服务

1. 训练方法一：实操法——上菜分菜服务

将学生分为6组，在餐厅实训室进行上菜、分菜服务操作，1名同学操作，其余同学扮演客人，并对服务员的操作技能作出评价。教师引导学生实践任务，并管理学生课堂纪律，重点辅导基础较差的学生，及时解答学生的问题，检查学生完成情况。

2. 训练方法二：情境模拟法、头脑风暴法——菜肴服务学生应变能力训练

设计“菜肴服务”中存在的突发问题，要求学生分组讨论解决方案，并口述。

（1）问题一：宴会服务时如何把握好上菜的节奏？

（2）问题二：在服务过程中不小心将汤汁、菜汁倒在客人身上。

（3）问题三：上菜时，台面菜肴已满，服务员该怎么办？

（4）问题四：当客人点了虾蟹等带壳的菜肴，该如何处理？

（5）问题五：当客人点了拔丝类的食物，该如何分让？

七、席间服务

1. 训练方法一：实操法——席间服务

将学生分为6组，在餐厅实训室进行撤换餐具服务操作，1名同学操作，其余同学扮演客人，并对服务员的操作技能作出评价。教师引导学生实践任务，并管理学生课堂纪律，重点辅导基础较差的学生，及时解答学生的问题，检查学生完成情况。

2. 训练方法二：情境模拟法、头脑风暴法——席间服务中突发事件的处理

设计“席间服务”中存在的突发事件，要求学生分组扮演服务员，检查学生的应变能力。情景模拟后教师进行点评。

（1）情景一：客人在用餐过程中突然停电。

（2）情景二：在用餐过程中，服务员不小心将客人的茶杯碰翻，茶水全部倒在客人的裤子上，湿了一大片。

（3）情景三：客人在用餐过程发现菜肴中有一只苍蝇。

（4）情景四：客人在用餐过程中质疑菜肴的质量。

（5）情景五：服务员看错菜单，将不是该桌的菜肴传到了该桌。

八、结账收银

1. 训练方法：情景模拟法——结账服务

（1）分小组进行。小组讨论，设计一个结账服务的情景。

（2）每组派代表表演。可由一名学生扮演服务员，两名学生扮演客人。

（3）表演后进行小组互评及教师点评。

2. 训练要求

账不出错，唱收唱付。

九、送客服务

1. 训练方法：情景模拟法——送客服务

（1）分小组进行。小组讨论，设计一个送客服务的情景。

（2）每组派代表表演。可由一名学生扮演服务员，两名学生扮演客人。

（3）表演后进行小组互评及教师点评。

2. 训练要求

使用礼貌用语规范，形体语言得体规范。

十、餐后整理工作

1. 训练方法：情境模拟法、头脑风暴法——餐后整理工作中突发事件的处理

设计“餐后整理工作”中存在的突发事件，要求学生分组扮演服务员，检查学生的应变能力，情景模拟后教师进行点评。

（1）情景一：客人在用餐过程中发生了跑账、漏账现象。

（2）情景二：餐厅快到营业结束时间，突然有客人来用餐。

（3）情景三：餐厅快到营业结束时间，但有一桌客人谈得正兴起，久久不愿离去。

2. 训练要求

使用礼貌用语规范，形体语言得体规范。

任务实施

一、团队人员分工

任务实施过程中要明确任务分工，组长要调动组员充分表达不同意见，形成职责清晰的任务分工，如表 2 – 12 所示。

表 2 – 12　团队任务分工表

组员姓名	任务分工

二、搜集资料

分组到酒店餐饮部实地参观，观摩散客接待服务流程，或上网搜集不同性质餐厅接待服务视频。

三、制订方案

认真分析任务，并确定好本组的餐饮接待服务方案，见表 2 – 13。

表 2－13　节日散客接待服务情况设计

设计内容	设计内容具体说明
接待方式	请选择：中餐接待服务、西餐接待服务
情境设计	①了解宾客特点、性格爱好、饮食忌讳及预订情况等。 ②拟订接待方案（注意体现精细化服务程序及个性化服务）。 • 角色分工清晰、职责到位。 • 接待流程清晰，可操作性强，符合现实生活规律。 • 在接待方案中，能将精细化服务、个性化服务有机地糅合。 • 情境中有穿插突发事件的处理、特殊问题的解决办法。

四、任务实施

每组根据自己拟定的“节日散客接待服务实施方案”，组织本组成员实施。总体要求：设计的实施方案应贯穿“餐厅营业前准备、开餐服务、餐中服务、餐后整理工作”全过程。具体要求见表 2－14。

表 2－14　节日散客接待服务实施方案

<table>
<tr><th>流程</th><th>具体要求</th></tr>
<tr><td>餐厅营业前准备</td><td>①摆台：根据设计的情境选用餐具，注意餐具、台布、椅套及其他物品的搭配，要求突出主题。
②餐厅环境准备：氛围、餐厅电器设备检查、餐厅环境卫生检查。
③个人形象及心理准备：按餐厅服务员仪容仪表规范准备，参加餐前例会，查看排班表及客人预订情况；了解当天菜品及沽清情况。</td></tr>
<tr><td>开餐服务</td><td rowspan="2">①服务语言准确、精练、有礼貌。
②服务程序流畅、动作规范、技能娴熟、操作准确。
③表情亲切，体态优雅，能主动、热情地为客人服务。
④能自编服务情景、案例及突发事件。
⑤能为客人在引座、点菜、酒水服务、菜肴服务、席间服务、结账服务及送客服务等方面提供精细化服务。
⑥会根据客户需求推荐与介绍菜肴、酒水。
⑦能针对客人的特点、心理和生活习俗提供个性化服务。
⑧有良好的沟通与合作。
⑨能正确对待客人的投诉，遇到紧急情况时，会根据安全预案处理。</td></tr>
<tr><td>餐中服务</td></tr>
<tr><td>餐后整理工作</td><td>①能在餐后进行收拾整理，能进行高档餐具的保养及餐厅日志的填写。
②有良好的沟通与合作。
③整个方案实施过程中具有刻苦、细致、周到的工作态度。</td></tr>
</table>

五、过程监督

请各组成员在任务实施过程中做好过程记录，组长负责进行监督，全组共同完成。任务实施过程进度监督表如表 2－15 所示。

表 2－15　任务实施过程进度监督表

工作阶段	时间	进度描述	检查情况记录	改善措施以及建议

六、各组成员记录任务实施过程中的困难及收获

困难：______________________________

____

小组成员想到的解决方法：______________________________

____

本次活动的收获：______________________________

____

七、成果展示

每个小组在任务实施过程中，可以用各种形式把本组的学习活动记录下来，并将以下成果展示出来：

（1）口述节日散客接待服务情境。

（2）完成餐厅营业前准备工作。

（3）角色扮演本组情境。

评价反馈

（1）教师对专业能力实施评价，见表 2－16。

表 2－16　学习情境二专业能力评价表

组别	成员	专业技能											
		餐前准备		开餐服务			餐中接待					餐后整理	
		餐前例会	摆台	预订	迎宾	点菜	酒水服务	菜肴服务	席间服务	结账服务	送客服务	餐厅整理	工作小结
		5%	15%	5%	5%	10%	15%	10%	15%	5%	5%	5%	5%

（2）以小组为单位，结合表 2－17 的标准，围绕自己在活动前后的思想、行为等变化，进行客观评价。

表 2－17　评价表

<table>
<tr><th colspan="4">规范及责任意识综合体现评价标准</th></tr>
<tr><td colspan="4">①遵守规则。
②能快速找到与组员的共同目标。
③能准确无误、无条件地接受并立即执行组内指令。
④能按事先确定的方案尽力完成任务。
⑤能建立良好和谐的人际关系，使工作尽快开展。
⑥能够化解任务中的障碍。
⑦能勇于承认错误，敢于承担责任。
⑧能以大局为重，调整自己的工作节奏。
⑨能在团队合作中表达自己的意见，也能虚心接受他人的建议和批评。
⑩为了实现共同目标，能牺牲自己的利益。</td></tr>
<tr><th colspan="2">活动前</th><th colspan="2">活动后</th></tr>
<tr><td>思想描述</td><td></td><td>思想描述</td><td></td></tr>
<tr><td>行为描述</td><td></td><td>行为描述</td><td></td></tr>
<tr><td>感悟</td><td colspan="3"></td></tr>
</table>

思考与练习

（1）课后练习斟酒服务、分菜服务、撤换餐具。

（2）分组制作“节日散客接待服务”学习活动汇报 PPT 课件。

学习情境三

生日宴会接待服务

学习目标

1. 会上网查找资料，主动找到问题答案并阐述个人或小组的学习结果；
2. 清楚宴会预订情况；
3. 能独立为客人在入席操作、茶水服务、中西餐酒水服务、中西餐菜肴服务及结账服务等方面提供精细化服务；
4. 熟悉套餐菜单；
5. 能针对客人的特点、心理和生活习俗提供个性化服务；
6. 在宴会接待服务中具备敏锐的观察能力和处事能力；
7. 能正确对待客人的投诉，遇到紧急情况时，会根据安全预案处理。

学习情境描述

晚上18：00，广东大厦宴会厅灯火辉煌。张先生的八十大寿生日宴正在此举行，参加宴会的人数大约150人。18：30左右，前来参加宴会的宾客陆续到齐，来宾们在前室稍事休息以后，陆续进入宴会厅，服务员往来穿梭，有条不紊地进行着各项接待服务工作。

学习情境分析

在这一环节，生日会是以团队宴请活动的形式开展的，属于宴会接待服务。宴会是人们为了一定的社交目的而采取的一种正式的、隆重的、讲究礼节礼仪形式的聚餐活动。气氛既隆重又热烈，所以服务需既周到又热情。

知识链接

宴会服务主要分为宴会预订、宴会前准备工作、宴会迎宾服务、宴会的就餐服务及宴会的收尾工作五大部分。其中宴会的就餐服务工作是整个宴会服务的关键，它直接关系到宴会举办的成败。作为一名餐厅服务员，在进行宴会接待服务时，不仅要具备娴熟的服务技能、规范的服务操作及服务语言，还应具备较强的应变能力及沟通协调能力（见图3－1）。

宴会预订

宴会实施

图 3-1　宴会接待服务

一、宴会预订

1. 承接宴会预订的组织

一般大型宴会部应设立专门的预订部和专职预订人员，中小型宴会部可以将预订工作安排在宴会部办公室，由专职或兼职人员来具体完成预订任务，其主要组织形式有宴会预订部和餐饮部。

（1）宴会预订部。

大型宾馆、饭店的宴会部可根据需要设立专门的宴会预订部，具体负责宴会的预订工作，并安排有工作经验、了解市场行情和有关政策、处事灵活的预订员负责预订工作。宴会预订员一般只负责预订工作，不直接参与宴会服务。

（2）餐饮部。

规模不大的饭店，餐饮部具有推销宴会的功能，以服务带销售，适合短期预订或小规模的宴会预订。

2. 宴会预订的方式

宴会预订方式是指客人与宴会预订员接洽联络、沟通预订信息时所采用的方法。预订的方法多种多样，概括起来有以下几种：

（1）电话预订。

电话预订是饭店与客人联络的主要方法，它常用于小型宴会的预订，内容包括接受客人问讯、向客人介绍相关事宜、查询核对细节、确定具体事项等。

（2）面谈预订。

面谈是进行宴会预订较为有效的方法，常用于大中型宴会、重要宴会和贵宾预订。

（3）信函预订。

信函预订是饭店与客户联络的一种方法，主要是书信、电传等。它常用于促销活动、回复宾客询问等。

（4）登门拜访预约。

登门拜访预约就是宴会部采用走出去的方法推销宴会。这样既起到了宣传推销饭店产品的作用，也扩大了饭店的知名度。同时，为客人预订宴会提供了方便。

（5）中介人代表饭店向宴会预订。

中介人是指专业中介公司或本单位职工。在饭店条件允许的情况下，中介人与饭店销售部或宴会部签订常年合同，同意代表饭店为客人预订并收取一定佣金。

3. 宴会预订服务流程

宴会预订业务从客人提出宴会预订开始，到宴会部发布宴会通知书，共包括五个环节，如图 3－2 所示。

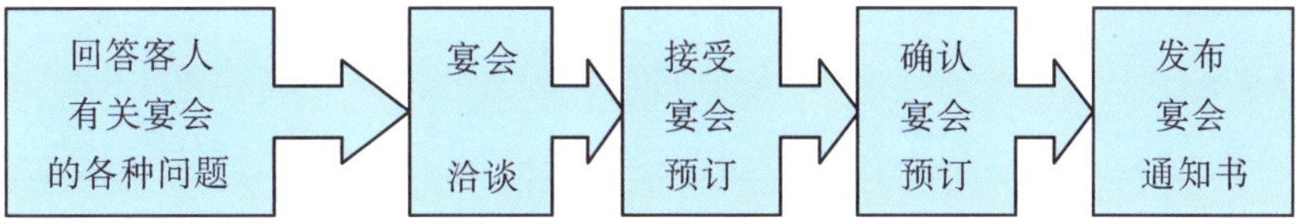

图 3－2　宴会预订服务流程

（1）回答客人有关宴会的各种问题。

当宴会预订员接受客人宴会预订时，要礼貌热情地回答客人提出的有关宴会的各种问题。这些问题主要包括：宴会厅是否已安排或已被预订，宴会的菜肴、饮料及宴会厅的费用，宴会主办单位提出的有关宴会的设想以及在宴会安排活动的要求能否得到满足，宴会菜肴、酒水内容以及不同档次宴会人均消费起点标准等。

（2）宴会洽谈。

宴会洽谈的内容包括：

1）宴会的类型，是中餐宴会，还是西餐宴会，或是冷餐酒会。

2）宴会的举办日期和时间。

3）宴会的出席人数（包括最低保证人数）和餐桌数。

4）宴会的名称、性质和客人身份等。

5）宴会的举办单位或个人、联络人、联络地址和电话号码等。

6）计划安排的宴会厅名称，厅堂布置和台形设计的要求。

7）菜单的主要内容、酒水的种类和数量。

8）收费标准和付款方式。

9）宴会的其他要求，如休息室、请柬、席位卡、致辞台等。

10）宴会提前、推迟、增减人数、取消等方面的规定。

（3）接受宴会预订。

通过双方协商，达成一致意见后接受宴会的预订。接受宴会预订主要是通过填写宴会预订单来完成的。宴会预订单如表 3－1 所示。

表 3－1　宴会预订单

<table>
<tr><td colspan="2">预订日期</td><td colspan="2"></td><td colspan="3">预订人姓名</td><td colspan="2"></td></tr>
<tr><td colspan="2">地　址</td><td colspan="2"></td><td colspan="3">电传、电话</td><td colspan="2"></td></tr>
<tr><td colspan="2">单　位</td><td colspan="2"></td><td colspan="3">宴会厅名称</td><td colspan="2"></td></tr>
<tr><td colspan="2">宴会名称</td><td colspan="2"></td><td colspan="3">宴会类别</td><td colspan="2"></td></tr>
<tr><td colspan="2">预计人数或桌数</td><td colspan="2"></td><td colspan="3">预定金</td><td colspan="2"></td></tr>
<tr><td colspan="2">宴会费用</td><td colspan="2"></td><td colspan="3">人均费用</td><td colspan="2"></td></tr>
<tr><td rowspan="2">具 体 要 求</td><td>宴会菜单</td><td colspan="4"></td><td>酒　水</td><td colspan="2"></td></tr>
<tr><td>宴会布置</td><td colspan="7"></td></tr>
<tr><td colspan="2">确认签字</td><td></td><td colspan="2">结账方式</td><td colspan="2"></td><td>是否已预付定金</td><td></td></tr>
<tr><td colspan="2">其　他</td><td colspan="5"></td><td>预订员</td><td></td></tr>
</table>

（4）确认宴会预订。

许多顾客在提出预订后，可能还会与其他饭店联系，进行比较，再答复饭店，因此预订人员务必详细记录每次跟顾客洽谈的结果，并密切跟踪查询，主动与客人保持联系，直到客人下订单为止。如果得到了主办单位或个人的确认，就是确定性宴会预订。应填写宴会预订确认书（见表 3－2）送交顾客，签订宴会合同书（见表 3－3），收取宴会预定金，填写宴会安排日记本（见表 3－4）。

表 3－2　宴会预订确认书

×××先生：

承蒙惠顾，不胜感谢。

所订宴会正在按下列预订要求认真准备，如有不妥之处或新的要求，请随时提出，我们愿为您竭诚服务。

一、宴会名称：____________　联系电话：______________________________

二、宴会日期及时间：______________________________

三、宴会人数或桌数：______________________________

四、宴会形式：______________________________

五、宴会预算：______________________________

六、宴会厅名称：______________________________

七、其他：______________________________

×××饭店　宴会经理：×××

表 3－3　宴会合同书

本合同是由__________饭店（地址）______________________________

与__________单位（地址）______________________________

为举办宴会活动所达成的，具体条款如下：

活动日期__________星期______________________________

活动时间__________活动地点______________________________

最低出席人数__________预计人数______________________________

座位安排______________________________

菜单计划______________________________

饮料__________娱乐设施______________________________

招牌__________预付定金______________________________

付款方式__________其　他______________________________

顾客签名__________饭店经手人签字______________________________

签约日期______________________________

◎本宴会合同一式五联，一联顾客保存、二联顾客签名后收回、三联出纳留存、四联预订部留存、五联宴会部经理留存，经双方签认后生效。

表 3－4　宴会安排日记本

宴会厅 A	宴会厅 B	宴会厅 C
午：	午：	午：
宴请名称______人数______	宴请名称______人数______	宴请名称______人数______
时　间______时至______	时　间______时至______	时　间______时至______
联系人______电话______	联系人______电话______	联系人______电话______
单位名______收费______	单位名______收费______	单位名______收费______
预订员：__________	预订员：__________	预订员：__________
晚：	晚：	晚：
宴请名称______人数______	宴请名称______人数______	宴请名称______人数______
时　间______时至______	时　间______时至______	时　间______时至______
联系人______电话______	联系人______电话______	联系人______电话______
单位名______收费______	单位名______收费______	单位名______收费______
预订员：__________	预订员：__________	预订员：__________

（5）发布宴会通知单。

成功举办一个宴会需靠许多部门通力合作，所以宴会正式确定后，宴会部应发布一份类似公文的宴会通知单（见表 3－5），告知各合作部门在该宴会中应负责执行的工作。宴会通知单的内容包括合约书中的主要资料，以及各单位所需准备的物品内容和相关事项，如宴会时间和相关事项、接洽人、桌数、菜单、特殊要求等。各部门接获宴会通知单后，必须按照通知单上的要求执行。

表 3－5　宴会通知单

<table>
<tr><td colspan="7">发文日期：　　　　　　　　　　　　　　　　编号：</td></tr>
<tr><td colspan="5">宴会日期：</td><td>定金金额　　元</td><td>收据单号：</td></tr>
<tr><td colspan="5">宴会名称：</td><td>付款人：</td><td>接洽人：</td></tr>
<tr><td colspan="5">联系人：　　　　电话：
客户名称：　　　传真：</td><td colspan="2">付款方式：</td></tr>
<tr><td>时间</td><td>宴会类型</td><td>地点</td><td>保证桌数</td><td>预估桌数</td><td rowspan="2">采购部</td><td rowspan="2"></td></tr>
<tr><td></td><td></td><td></td><td></td><td></td></tr>
<tr><td>西餐厨房</td><td colspan="4"></td><td rowspan="2">宴会服务部</td><td rowspan="2"></td></tr>
<tr><td>中餐厨房</td><td colspan="4"></td></tr>
<tr><td>酒吧</td><td colspan="4"></td><td>客房部</td><td></td></tr>
<tr><td>保安部</td><td colspan="4"></td><td>工程部</td><td></td></tr>
<tr><td>花房</td><td colspan="4"></td><td>器材收费</td><td></td></tr>
<tr><td>预订业务员</td><td colspan="4"></td><td>宴会经理</td><td></td></tr>
<tr><td>发送部门</td><td colspan="6">□总经理　□餐饮部　□宴会部　□财务部　□工程部　□客房部
□西厨房　□中厨房　□管事部　□餐厅部　□保安部　□采购部
□花　房　□美工冰雕　□其他</td></tr>
</table>

4. 宴会预订的变更或取消

（1）宴会预订的变更。

宴会预订后因某些原因可能发生变更。为适应这种临时变更，预订人员应该在宴会举办前一周，再与客户确认宴会相关事项，将发生错误的可能性降至最低。通常宴会变更程序如下：

1）当客人对已预订过的宴会或其他活动提出更改时，应热情接待。

2）详细了解客人更改的项目、原因，尽量满足客人的要求。

3）认真记录更改内容，并向客人说明有关更改后的处理原则。

4）尽快将处理的信息反馈给客人，并向客人表示感谢。

5）认真填写宴会更改通知单（见表 3－6），并迅速送至有关营业点和生产点，请接收者签字。

表 3－6　宴会更改通知单

发文日期________ 宴会预订单________ 宴会名称________ 场地________ 宴会日期及时间________ 联系人________	
变更项目 原计划　　　　　　　　　　　变更为 日　期________　　　　　　　日　期________ 时　间________　　　　　　　时　间________ 人数/桌数________　　　　　　人数/桌数________ 新菜单	
□其他变更项目　□增加项目 ________ 宴会部经理签名：________	
发送部门	□总经理　□餐饮部　□宴会部　□财务部　□工程部　□业务部 □客房部　□保安部　□采购部　□中　厨　□西　厨　□花　房 □美工冰雕　□其他

6）将更改原因及处理方法记录存档，并向经理汇报以便采取跟踪措施，争取客源。

7）检查更改内容的落实情况和更改后费用收取等事宜。

（2）宴会预订的取消。

由于某种原因，预订的宴会除发生变更外，也可能被取消。如客人要求取消宴会预订，应立即做好如下工作：

1）接受客人取消预订时，应尽量问清取消预订的原因，尽量挽留客人，这对改进今后的宴会推销工作非常有帮助。

2）在该宴会预订单上盖上“取消”印，并记下取消预订的日期和原因、取消人的姓名以及接受取消的宴会预订员姓名，然后将该宴会预订单放到规定的地方，并及时通知有关部门。

3）如是大型宴会、大型会议等取消预订，应立即向宴会经理报告。

4）宴会部经理应给顾客去函，对不能为其服务表示遗憾，表达饭店希望以后有机会进行合作的意愿。

宴会是饭店餐饮收入的重要来源，饭店餐饮管理者应高度重视，而宴会的成功实施预订是关键，它既是宴会产品的推销过程，又是宴会组织实施的重要一步。因此，宴会部或饭店销售部应设置专门预订机构和岗位，建立完善的预订程序，并积极掌握市场动态，为宴会的顺利举办打好基础。

二、宴会前准备工作

由于宴会的要求较高，所以其准备工作也要求非常认真、细致，一般需要做好以下几点：

1. 掌握情况

宴会前对客人的情况应做到“八知三了解”。“八知”，即知宴会日期及开餐时间、知宾主身份、知参加宴会人数、知宴会标准、知菜式品种、知上菜顺序、知主办单位或房号、知收费办法；“三了解”，即了解宾主风俗习惯、了解宾主生活忌讳、了解宾主的特殊需求。

2. 明确分工

由宴会厅经理召开餐前会，强调宴会服务注意事项，检查员工仪容仪表，对宴会准备工作、宴会服务和宴会结束工作进行分工。对规模较大的宴会，要确定总指挥人员，根据宴会的要求，对迎宾、值台、传菜、酒水供应、衣帽间、贵宾房等岗位，都要有明确的分工，将责任落实到人。

3. 布置场地

设计好餐台样式，根据宴会主题、性质、接待规格、参加人数、宾客禁忌和特殊要求、宴会厅的结构、形状、面积、设备等情况来布置宴会厅。

4. 熟悉菜单

宴会服务员应熟悉宴会菜单及主要菜点的风味特色。菜单服务员应做到：准确说出每道菜肴的名称、配料与主料，准确描述每道菜的风味特点，准确知道每道菜肴的制作方法，准确服务每道菜肴。

5. 准备物品

计划各种餐具的备用量，预算好宴会所用的各种酒水、饮料、水果的数量。服务员根据菜单的要求准备好宴会所需的餐酒用具、开餐物品、服务用品等，备齐菜肴的配料、佐料，备好酒品、饮料、茶叶、开水等。

6. 铺设餐台

铺设餐台通常在宴会开始前一小时进行。摆台前要洗净双手，将各种餐用具按照宴会台面摆设要求进行摆设，并按规定摆放桌号牌、席次卡、公用筷、公用匙、牙签筒、花瓶等用具，并使其美观、整齐。（场地和餐台的具体布置参照学习情境一“校园多功能餐厅布置”）

7. 摆放冷盘

中小型宴会一般在宴会正式开始前30分钟摆设冷盘，斟预备酒。大型宴会（千人以上）则要提前一小时左右。预备酒一般是甜酒，斟预备酒的意义在于宾主入席后，致辞、干杯时杯中有酒。如果客人干杯时酒杯内是空的，则表示餐厅的服务非常被动。

在摆设冷盘时要注意以下几方面：

（1）注意菜点的品种和数量，注意菜点色调的分布，同一种色的菜点尽可能不要摆在一起。

（2）注意荤素的搭配，荤菜和素菜尽量间隔摆放。

（3）注意菜型的正反。如孔雀冷盘、凤凰冷盘等不应将头朝向主宾。

（4）注意刀口的顺逆，一般要顺刀口摆放。

（5）注意客人及菜盘之间的距离以及整个桌面菜点布局的均称。

要把制作精美的冷盘摆在主宾面前，以便取用。对于要上配料的冷盘，应就近放置，不要远离或遗漏，主宾席的冷盘所用的碟子通常小于其他的桌席，一般为三客摆一组菜，如九个冷盘，即在三个座位席面前摆上不同的九样冷菜环为一组菜（有时大于单吃拼盘）。端取和摆放冷盘时要轻拿轻放，以防弄坏菜型。用托盘端冷菜，要用盖子盖上，保持食品卫生。

8. 全面检查

从台面摆设、环境卫生、餐厅布局到灯光音响以及其他设施设备和所需物品等全部仔细检查一遍，不可忽视任何一个细节。

三、宴会的迎宾服务

宴会迎宾服务是整个宴会服务的开始。迎宾员要面带微笑、主动热情、有条不紊地把客人引导到休息室休息，然后开始对客服务。宴会迎宾服务流程及服务标准如表3－7所示。

表3－7　宴会迎宾服务流程及服务标准

流程	服务标准
热情迎宾	根据宴会预订单上的入场时间，宴会管理员和迎宾员应提前到宴会厅门口迎接客人，值台服务员则站在各自负责的区域为客人提供服务。当客人到达宴会厅时，宴会迎宾员要面带微笑、主动热情地向客人问好，并引导客人到休息室休息。

（续上表）

流程	服务标准
接挂衣帽	接挂衣物时应握衣领，切勿倒置，以防衣袋内的物品散落出来。贵重衣物要用衣架，以免衣服走样。重要客人的衣帽要凭记忆进行准确服务，贵重物品请客人自己保管。
倒茶递巾	客人进入休息厅后，服务员应热情礼貌地招呼客人入座，根据要求递上毛巾，斟上热茶或酒水饮料，并奉上新鲜的果品及香烟等。此服务要按照“先女士后男士、先宾后主”的顺序进行，并注意语言与动作相协调。

四、宴会的就餐服务

宴会的就餐服务是整个宴会服务的重要环节，也是对客服务时间最长的环节，该环节要求服务员做到沉着、冷静、随机应变、忙而有序，并相互密切配合、协调有序，避免差错或事故的发生。它包括入席服务、酒水服务、菜肴服务、席间服务四个环节。

1. 入席服务

值台服务员在宴会开始前应站在各自的服务区域内恭候宾客入席。当宾客到来时，服务员要面带微笑，主动为宾客拉椅让座。宾客入席后，帮助客人铺放餐巾，撤筷套，撤鲜花、台号、席位卡。

2. 酒水服务

宴会用酒品种较多，对斟酒技艺要求较高，因此，做好酒水服务要了解有关酒水的知识，更应熟练地掌握斟酒的操作技能以及酒水服务的操作规程，在斟酒操作中要做到“不滴不洒”、“不少不溢”，才能真正向客人提供优质服务。

（1）酒水服务程序。

详见学习情境二“餐中接待服务——酒水服务”。

（2）宴会斟酒的注意事项。

宴会斟酒服务程序及注意事项，如表 3－8 所示。

表 3－8　宴会斟酒服务程序及注意事项

程序	注意事项
斟酒顺序	先女士后男士，先主宾后主人，按顺时针方向进行。
斟酒位置	从客人右后侧开始斟酒，不能左右开斟。
斟前示意	询问客人饮用何种饮料，根据客人的需要斟相应酒水。
斟酒姿势	站在客人右后侧，右脚在前，左脚在后，托盘拉到椅子背后。
握瓶位置	握住瓶的中下部，商标朝向客人。
瓶杯距离	瓶杯不相碰，也不能相距太远，一般 1～2 厘米即可。
酒水出口速度	酒水出口速度要均匀，不要太快也不要太慢。

（续上表）

程序	注意事项
斟酒量	一般在宴会开始前10分钟左右将烈性酒和红酒斟好，中餐斟酒以八分满为宜。
瓶口旋转45°	酒水斟至杯的相应位置时，即停止，瓶口旋转45°，酒水不外滴。
及时续斟	杯中酒水不足1/3时要及时续斟。
提示：①遇到宾主讲话时，服务员要停止操作，肃立，等客人讲完后方可操作。 ②服务员托着酒水跟在宾客身后及时为其续斟。 ③中餐宴会服务中，红酒一般先斟，五分满；然后斟烈性酒，八分满；最后斟汽水和饮料。	

3. 菜肴服务

宴会菜单一般是提前拟订好，服务员不需点菜，直接根据宴会进度上菜，且要求每桌上菜的速度基本保持一致，因此要求服务员掌握菜肴服务的程序和标准，为客人提供熟练而准确的服务。

中餐宴会上菜的顺序为：冷菜——主菜（较名贵的菜）——热菜（有若干个，无规定顺序）——汤菜——甜菜（随上点心）——水果。有些地方则是先上冷菜，再上汤，后上主菜和其他热菜。

西餐宴会上菜的顺序为：开胃食品、头盘（Appetizers）——汤（Soup）——副菜（Side dish）——主菜（Main Course）——奶酪（Cheese）、甜点（Dessert）——咖啡（Coffee）或茶（Tea）。

凡宴会都应主动地为客人分汤分菜。分菜时要胆大心细，掌握好菜的分量与数量，做到分配均匀、迅速、不滴不洒、一叉准、一勺准。凡配有佐料的菜，在分菜时要先蘸佐料再分配。分菜时站在客人身后左侧，按照“先宾后主、女士优先”的顺序进行。

4. 席间服务

宴会进行中服务员要勤巡视台面，勤撤换餐具。

在撤换餐具时，注意应先撤后换，从主宾开始，站在客人右侧进行。为保证服务质量，一席宴会至少保证上三次香巾。除此之外，上整形菜、需用手协助进食的菜肴（如虾、蟹等）均需上香巾。烟灰缸内烟头不得超过两个，当客人准备抽烟时要主动为其点烟。

细心观察客人的表情及示意动作，主动为其提供续斟茶水、酒水服务。当客人的餐具掉地时，应及时为客人换上干净的餐具。服务时注意态度和蔼，语言亲切，动作敏捷。当客人吃完水果后撤走水果盘，递上香巾，然后撤走点心碟及刀、叉，摆上鲜花以示宴会结束。

五、宴会的收尾工作

宴会的收尾工作与准备工作同样重要，要求按宴会前的分工和规范进行，以提高效率、降低损耗。宴会收尾工作包括：结账→送客→清理现场→追踪回访→建立客户档案。

跟踪回访的目的是征求意见，改进工作。每举办一次大型宴会，宴会组织者、服务员和厨师就获得了一次提高服务水准的机会，为下一次举办宴会积累经验。所以说，宴会结束后，应该认真总结经验和教训，以提高服务质量。对客人的回访可以采用填写调查表的形式进行。客户意见调查表的格式很多，可参见表 3－9。

表 3－9　客户意见调查表

亲爱的客户：

感谢您使用×××饭店宴会厅，希望我们的各项设施和服务确实让您无后顾之忧。占用您一分钟时间，我们很想知道您对本饭店宴会厅的满意程度，您珍贵的意见将是我们改进的目标。

顾客姓名：__________　　公司名称：__________

联系电话：__________　　联系地址：__________

宴会日期：__________　　宴会类型：__________

请在□打√：	十分满意	满意	不满意
预订接待	□	□	□
服务品质	□	□	□
菜肴品质	□	□	□
场地设施	□	□	□
价格结构	□	□	□
整体满意度	□	□	□

其他建议：__________

____

您是否会再次光临，或将本宴会厅推荐给您的亲友？

十分乐意　□　　可以考虑　□　　不会　□

感谢您的批评与指教。竭诚欢迎您再次光临。

×××饭店　　宴会部经理__________

__________年__________月__________日

技能训练

一、宴会预订

1. 训练方法：角色扮演法，情景模拟法

可以参照“模拟情景”，也可以自编情景，采用电话预订法实施宴会预订。

每两人一组，一人扮演预订员，另一人扮演订餐客人。

2. 训练要求

（1）能正确接听电话，用语正确。

（2）按预订操作程序细节进行，并填写好相关表格。

（3）表情亲切，姿态优雅。

3. 模拟情景

预订员：您好，××假日酒店宴会部，很高兴为您服务！

客　人：你好，我们公司成立十周年庆典，有一场宴请需要安排，想了解一下你们酒店有没有20桌左右的宴会厅？

预订员：请问先生您怎么称呼？

客　人：我姓周。

预订员：很高兴接到您的电话。周先生，您能告诉我具体的宴请时间和宴请的标准吗？

客　人：下个月18日，晚餐，2 000元左右一桌吧。

预订员：就是说每人200元左右对吗？含酒水吗？

客　人：酒水另外计算吧。

预订员：请稍等……周先生，场地有的，我们有一个能容纳300人左右的多功能宴会厅，如果您觉得场地过大，我们可以用屏风将空间隔开。

客　人：嗯，可以。

预订员：周先生，能告诉我您的单位名称吗？

客　人：××股份有限公司。

预订员：周先生您预订的宴会预计出席人数200人，每位客人200元标准，不含酒水，对吗？

客　人：对。

预订员：请告诉我宴会举行的时间好吗？

客　人：18日下午17：30到19：30。

预订员：需要设主席台吗？

客　人：需要，并请为讲话的人安装扩音器。

预订员：席间要乐队助兴吗？

客　人：不用了。

预订员：周先生您对菜单有什么要求吗？

客　人：我下午15时左右过来看后再定吧。

预订员：好的，酒水呢？

客　人：还没有决定，也是下午定吧！

预订员：那好，请留一下您的联系电话，好吗？

客　人：135××××××××。

预订员：周先生，您在我们××假日酒店宴会部预订了20桌庆典宴席，宴会的标准是每位200元，不含酒水，下个月18日下午17：30至19：30进行，菜单和酒水下午15时左右来酒店察看时再定，您的联系电话是135××××××××，单位是××股份有限公司，对吗？

客　人：没错。

预订员：请问您还有什么其他要求吗？

客　人：还有些场地布置方面的要求，下午见面时再说吧！

预订员：好，下午 15 时左右我当班，我姓王，您到店时可以找我小王，也可以找其他的预订员，我们将竭诚为您服务！

客　人：好的，谢谢！

预订员：不客气！下午见！

客　人：下午见！

二、熟悉菜单

1. 训练方法：案例分析法

2. 实训案例

和平门大酒店是一家旅游风景区的餐饮企业，在旅游旺季到来之际，面对客人较多的市场现状，酒店餐厅经理和厨师长经过多次研究，决定将原经营品种加以充实，并规范、理顺菜单，以方便客人点菜。下面是准备列入菜单经营的部分菜点品种，请为其编排菜单版式：

清炖狮子头　镇江肴蹄　东坡肉　金陵盐水鸭　扬州煮干丝

夫妻肺片　担担面　黑椒牛柳　清蒸鳜鱼　榨菜肉丝汤

麻婆豆腐　宫保鸡丁　上汤芥蓝　番茄蛋汤　小葱拌豆腐　波汤圆

（1）凉菜类：

（2）热菜类：

（3）蔬菜类：

（4）汤菜类：

（5）主食类：

三、主题宴会台面设计

1. 训练方法：头脑风暴法

2. 实训内容

设计一个以生日为主题的宴会厅平面及台面设计。

3. 设计要求

分组完成，要有创意、新颖，突出主题，并准备 3 ~ 5 分钟的主题解说稿，对本组所设计构思进行解说。

参照学习情境一。

任务实施

一、团队人员分工

任务实施过程中要明确分工任务，组长要调动组员充分表达不同意见，形成职责清晰的任务分工，如表 3－10 所示。

表 3－10 团队任务分工表

组员姓名	任务分工

二、搜集资料

分组到酒店餐饮部实地参观，观摩宴会接待服务流程；或上网搜集不同性质餐厅宴会接待服务视频。

三、制订方案

认真分析任务，并确定本组的宴会接待服务方案，如表 3－11 所示。

表 3－11 生日宴会接待服务情况设计

设计内容	具体说明
接待方式	请选择：中餐宴会接待服务、西餐宴会接待服务
情境设计	①了解宾客特点、性格爱好、饮食忌讳及预订情况等。 ②拟订接待方案（注意体现精细化服务程序及细致服务）。 • 角色分工清晰、职责到位。 • 接待流程清晰，可操作性强，符合现实生活规律。 • 在接待方案中，能将精细化服务、个性化服务有机融合。 • 情境中有穿插突发事件的处理、特殊问题的解决办法。

四、任务实施

根据本组拟定的“生日宴会接待服务实施方案”（见表 3－12），组织本组成员实施。

总体要求：设计的实施方案应贯穿“宴会预订、宴会前准备工作、宴会迎宾服务、宴会的就餐服务及宴会的收尾工作”五个环节。

表 3－12　生日宴会接待服务实施方案

流程	具体要求
宴会预订	①会受理电话预订。 ②会查看宴会预订单。
宴会前准备工作	①了解客人情况。 ②熟悉分工、菜牌及宴会厅环境。 ③布置宴会厅（摆台及宴会厅环境布置）。 ④准备物品、摆放冷盘、全面检查。
宴会迎宾和就餐服务工作	①服务语言准确、精练、有礼貌。 ②服务程序流畅，动作规范，技能娴熟，操作准确。 ③表情亲切，体态优雅，能主动、热情地为客人服务。 ④能自编服务情景、案例及突发事件。 ⑤能为客人在入席服务、酒水服务、菜肴服务、席间服务、结账服务及送客服务等方面提供精细化服务。 ⑥熟悉菜牌、酒单，能熟练回答客人在菜肴、酒水服务方面提出的问题。 ⑦能针对客人的特点、心理和生活习俗提供个性化服务。 ⑧有良好的沟通与合作。 ⑨能正确对待客人的投诉，遇到紧急情况时，会根据安全预案处理。
宴会的收尾工作	①能在餐后进行收拾整理，能进行高档餐具的保养及餐厅日志的填写。 ②有良好的沟通与合作。 ③整个方案实施过程中具备刻苦、细致、周到的工作态度。

五、过程监督

请各组成员在任务实施过程中做好过程记录，组长负责进行监督，全组共同完成。任务实施过程进度监督表如表 3－13 所示。

表 3－13　任务实施过程进度监督表

工作阶段	时间	进度描述	检查情况记录	改善措施以及建议

六、各组成员记录任务实施过程中的困难及收获

困难：____

____

小组成员想到的解决方法：____

____

本次活动的收获：____

____

七、成果展示

每个小组在任务实施过程中，可以用各种形式把本组的学习活动记录下来，并将以下成果展示出来：

（1）口述主题宴会厅厅面设计及台面设计方案。

（2）完成宴会前准备工作。

（3）角色扮演本组情境。

评价反馈

（1）教师对专业能力实施评价，见表3－14。

表3－14　学习情境三专业能力评价表

组别	成员	专业技能				
		宴会预订	宴会前准备工作	宴会迎宾工作	宴会的就餐服务	宴会的结尾工作
		模拟电话预订，主要从语言、肢体语言、面部表情方面进行评价（5%）	①主题宴会设计方案（10%） ②按规范进行精细化摆台、准备物品及全面检查（20%） ③具备创新意识（5%）	主要从语言、肢体语言、面部表情三方面进行评价（5%）	①入席服务、斟酒服务、菜肴服务、席间服务技能符合精细化服务要求（30%） ②有较强的个性化服务意识（5%） ③在处理各类投诉、突发事件时具备一定的服务技巧（5%）	①结账、送客、整理餐厅、填写餐厅日志符合精细化服务要求（10%） ②具备建立客史档案意识，全过程有吃苦耐劳、团结协作精神（5%）

（2）以小组为单位，结合表 3 – 15 的标准，围绕自己在活动前后的思想、行为等变化，进行客观评价。

表 3 – 15　评价表

规范及责任意识综合体现评价标准			
①遵守规则。 ②能快速找到与组员的共同目标。 ③能准确无误、无条件地接受并立即执行组内指令。 ④能按照事先确定的方案尽力完成任务。 ⑤能建立良好和谐的人际关系，使工作尽快开展。 ⑥能够化解任务中的障碍。 ⑦能勇于承认错误，敢于承担责任。 ⑧能以大局为重，调整自己的工作节奏。 ⑨能在团队合作中表达自己的意见，也能虚心接受他人的建议和批评。 ⑩为了实现共同目标，能牺牲自己的利益。			
活动前		活动后	
思想描述		思想描述	
行为描述		行为描述	
感悟			

思考与练习

自学设计菜单内容，并通过上网查找资料、参考同档饭店菜牌等方式，分小组设计符合下列要求的菜单：

1. 菜牌形式

中、西餐零点或宴会菜单，主题餐厅菜单（自己任选一款）。

2. 菜单内容

菜单内容要符合以下要求：

（1）菜品顺序、内容要合理。每种类型的菜品种为 15 ~ 30 种。

（2）价格以本地区的中高档消费档次为准。

（3）最好图文并茂，电脑打印，且要有封面设计。

（4）菜单规格为：23 厘米 × 30 厘米。

（5）在设计过程中，注意字体的选择及排版。

知识拓展

一、了解菜品基本知识

菜品的分类，见表3－16。

表3－16 菜品分类及组成

分类	常见的食品组成
零点菜单	海鲜、畜禽、时蔬、汤羹、面点
套餐菜单	冷菜、热菜、汤菜、点心
宴会菜单	冷菜、热菜、点心、水果等较高档次的食品
自助餐菜单	①冷菜类：冷火腿、肉类、蔬菜等凉菜 ②沙拉与水果类：各类蔬菜、沙拉、水果 ③热菜类：各种炖、炸、炒的肉类、蔬菜等菜品 ④小吃类：各色蛋糕、面点或其他甜食 ⑤饮料类：咖啡、牛奶、各种果汁及其他配制饮料
咖啡厅菜单	①餐前小吃（Appetizers 或 Starters），或称开胃品、头盘。这类菜品由开胃酒、沙拉（Salad）、西式冷盘等组成。 ②汤类（Soups）。 ③三明治和汉堡包（Sandwiches and Hamburgers）。 ④主菜（Main Courses），也称大盆或热菜，包括烤、煎、炸、炖的西式大菜。 ⑤地方特色菜（Local Dishes），为反映咖啡厅所在地的菜品特色。 ⑥甜品（Desserts），包括甜点心、蛋糕、冰淇淋、水果等。 ⑦饮品（Drinks），包括各种软饮料、矿泉水、葡萄酒等，以及餐后饮用的烈性酒、咖啡、牛奶等。

二、注意事项

配菜是进行宴会菜单设计的一个重要环节，宴会设计员在配菜时，要注意以下几方面：

（1）要掌握配置比例。一般而言，凉菜占10%～15%，热菜占70%～80%，汤约占10%，小吃约占10%。

（2）要根据客人的消费层次、口味要求等具体情况介绍菜品。

（3）根据不同的季节安排菜品，夏季以清淡为主，冬季以味重、热暖之类的菜为主，并注意时令蔬菜的搭配。

（4）配菜时要注意菜品的烹制时间，客人多时应配烹饪较快的菜品。

（5）应根据客人人数适当安排菜品份数。

1 位客人：1 份凉菜、1 份热菜、1 份汤。

2～3 位客人：2 份凉菜、3 份热菜、1 份汤。

4～5 位客人：2～3 份凉菜、4～6 份热菜、1 份汤。

6～9 位客人：4～6 份凉菜、6～8 份热菜、2 份汤。

10～13 位客人：6～8 份凉菜、7～8 份热菜、1 份汤；或 6～8 份凉菜、7～9 份热菜、2 份汤；或 6～8 份凉菜、7～10 份热菜、1 份汤。

14～16 位客人：6～8 份凉菜、8～12 份热菜、1 份汤。

三、菜单的设计与制作

菜单是餐饮企业为便于客人点菜订餐而准备的介绍该企业产品、服务与价格等内容的各种印刷品，它是沟通生产与消费的桥梁，是厨房生产技术水平的反映，并直接影响餐饮企业的生产成本。它是企业进行餐饮生产安排和提供餐饮服务的重要依据。

1. 菜单的设计

一般而言，宴会菜单的设计包括菜名设计、菜点设计和装帧设计。

（1）菜点设计。菜点设计是菜单设计的核心。宴会菜单的设计要点如下：

1）了解客人，投其所好。宴会菜单是供客人点菜时使用的，用好宴会菜单是使客人宴请达到目的的一种手段，所以宴请菜单设计一定要了解主办单位或主人举办宴会的意图，掌握其喜好和特点，并尽可能了解参加宴会人员的身份、国籍、民族、宗教信仰、饮食嗜好和禁忌，从而使设计出的菜单满足客人的爱好和需要。

2）分清主次轻重，突出主题。宴会菜单的设计犹如绘画之构图，要分清主次轻重，突出主题。宴会菜单的设计必须注意层次，突出主菜，创造使人回味的亮点。任何艺术作品均需有自己的风格，宴会菜点的设计同样应显示各个地方、各个民族、各家酒店、各个厨师的风格，独树一帜，别具一格。

3）合理搭配，富于变化。宴会菜单如同一曲美妙的乐章，由序曲到尾声，应富有节奏和旋律。因此，宴会部主管在设计菜单时，应注意以下几点：

①注意冷菜、热菜、点心、水果的合理搭配。造型别致、刀工精细的冷菜，能将参与宴会者吸引入席，先声夺人；丰富多彩、气势宏大的热菜，能引人入胜；小巧精致、淡雅自然的美点，就像乐章的间奏承上启下，相得益彰；而色彩艳丽、造型奇妙、寓意深刻的水果拼盘，则像乐章的尾声使人流连忘返。

②注意菜点原料、调味、形态、质感及烹调方法的合理搭配，使之丰富多彩，千姿百态，口味各异，回味无穷。

③注意营养成分合理搭配，达到营养合理。

（2）菜名的设计。好的菜名能让一些普通的菜点成为一种思想情感交流的工具，以及一种文化、艺术的载体，使这些普通的菜点具有良好的审美价值和语言功能。如婚宴菜单中的花好月圆、鸳鸯戏水、鸟语花香、珠联璧合、百年好合，其菜单暗喻夫妻的和睦恩爱，体现了人们的美好祝愿，给人一种喜悦的遐想和享受。宴会菜名的设计，必须根据宴会的性质、主题，采用寓意性的命名方法，使其主题鲜明，寓意深刻，富有诗意。

（3）装帧设计。装帧设计是菜单设计的最后一个环节，它是将之前所做的菜名和菜品设计具体地体现在各种材料的实体上。在进行菜单的装帧时，要合理运用下述几项技巧，这些技巧对于饭店日常菜单的设计也同样适用：

1）菜单的制作材料。菜单的制作材料好，不仅能很好地反映菜单的外观质量，同时也能给顾客留下较好的第一印象。因此，在菜单选材时，既要考虑餐厅的类型与规格，也要顾及制作成本，根据菜单的使用方式合理选择制作材料。一般而言，长期重复使用的菜单，要选择经久耐磨又不易沾染油污的重磅涂膜纸张；分页菜单，往往是由一个厚实耐磨的封面加上纸质稍逊的活页内芯组成；而一次性使用的菜单，一般不考虑其耐磨、耐污性能，但并不意味着可以粗制滥造。许多高规格的宴会菜单，虽然只使用一次，但仍然选材精良、设计优美，以此体现出宴会服务规格和餐厅档次。

2）菜单封面与封底设计。菜单的封面与封底是菜单的“门面”，其设计在整体上影响菜单的效果，所以在设计封底与封面时要注意以下几点：

①菜单的封面代表着餐厅的形象。因此，菜单必须反映出餐厅的经营特色、餐厅的风格和餐厅的等级等特点。

②菜单封面的颜色应当与餐厅内部环境的颜色相协调，使餐厅内部环境的色调更加和谐。这样，当顾客在餐厅点菜时，菜单可以作为餐厅的点缀品。

③餐厅的名称一定要设计在菜单的封面上，并且要有特色，笔画要简单、易读、好记。这一方面可以增加餐厅的知名度，另一方面又可以树立餐厅的形象。

④菜单的封底应当印有餐厅的地址、电话号码、营业时间及其他营业信息等。这样，可以借此机会向顾客进行推销。

3）菜单的文字设计。菜单作为餐厅与顾客沟通交流的桥梁，其信息主要是通过文字向顾客传递的，所以文字的设计相当重要。

一般情况下，好的菜单文字介绍应该做到描述详尽，起到促销的作用，而不能只列出菜肴的名称和价格。如果把菜单与杂志广告相比，其文字撰写的耗时费神程度并不亚于设计一份精彩的广告词。菜单文字部分的设计主要包括食品名称、描述性介绍、餐厅声誉的宣传（包括优质服务、烹调技术等）三方面的内容。

此外，菜单文字字体的选择也很重要，菜单上的菜名一般用楷体书写，以阿拉伯数字排列、编号和标明价格。字体的印刷要端正，使顾客在餐厅的光线下很容易看清楚。除非有特殊要求，菜单要避免用外文来表示菜品。即使用外文也要根据标准词典的拼写法统一规范，符合文法，防止出错。

当然，菜单的标题和菜肴的说明可选用不同型号的字体，以示区别。

4）菜单的插图与色彩运用。为了增强菜单的艺术性和吸引力，往往会在封面和内页使用一些插图。使用图案时，一定要注意其色彩必须与餐厅的整体环境相协调。菜单中常见的插图主要有：菜点的图案、中国名胜古迹、餐厅外貌、本店名菜、重要人物在餐厅就餐的图片。除此之外，几何图案、抽象图案等也经常作为插图使用，但这些图案要与经营特色相对应。

此外，色彩的运用也很重要。赏心悦目的色彩能使菜单显得有吸引力，更好地介绍重点菜肴，同时也能反映出一家餐厅的风格和情调。色彩能够对人的心理产生不同的反应，能体现出不同的暗示特征，因此选择色彩时一定要考虑餐厅的性质和顾客的类型。

5）菜单的规格和篇幅。菜单的规格应与餐饮内容、餐厅的类型和面积、餐桌的大小以及座位空间等因素相协调，使顾客拿起来舒适，阅读时方便，因此菜单的开本要慎重。调查资料表明，最理想的开本为23 厘米 ×30 厘米。经营人员确定了菜单的基本结构和内容，并将菜品清单列出后，应选择几种尺寸较适合的开本，排列不同型号的铅字进行对比。在篇幅上应保持一定的空白，通常文字占总篇幅的面积不超过50%。

6）菜单的照片和图形。为了增加菜单的营销功能，许多餐厅都会把特色菜肴的实物照片印在菜单上，能为菜单增添色彩，增加其美观度，从而加快顾客订菜的速度。但是在使用照片或图片时一定要注意照片或图片的拍摄质量和印刷质量，否则达不到其预期效果。此外，许多菜单上的彩色照片还存在未对号入座的问题，即没有将彩色照片、菜品名、价格及文字介绍列在一起。解决这一问题最简单的办法就是用黑色线条将其框起来，或用小块彩色面使其突显出来。

总之，在设计与制作菜单时，一定要举一反三，灵活运用，才能设计出符合客人、企业要求的菜单，如图 3 –3 所示。

2. 菜单设计过程中应考虑的因素

（1）考虑菜式的成本率和获利能力，分析菜式可能的销售量和对同一菜单上其他菜式的影响。

（2）考虑菜式的营养成分及各菜式之间的数量比例，讲究饮食的科学性。

（3）考虑各菜式间的比例协调是否有利于厨房的设施设备以及人力的利用与分工。

（4）考虑菜式食品原料供应情况，分析菜式的季节性特征，根据市场供求关系、运输与贮藏条件等选择合适的菜式。

（5）考虑菜单与酒水的丰富性，并与宴会主题相符。

（6）考虑同一或相近菜式的价格、服务方式的市场竞争能力。

（7）考虑菜单的装帧、文字、菜单程序编排等因素，有利于菜式与酒水的销售，并成为酒店与餐厅的宣传媒介。

3. 菜单设计制作中的常见问题

虽然大部分餐厅的经营者或管理者都花费了很多的心思和精力去设计菜单，但还是有很多餐厅的菜单不尽如人意，以致出现很多问题，给餐厅经营造成很大的影响。其常见问题主要有：

（1）制作材料选择不当。有的餐厅为了节省成本，采用各色簿册制品，其中有文件夹、讲义夹，也有用集邮册和相册来充当菜单，而不是专门设计的菜单。这样的菜单不但不能起到点缀餐厅环境、烘托餐厅气氛的效果，反而与餐厅的风格格格不入，显得不伦不类。

（2）规格和装帧不当。很多小餐厅的菜单正文都是用 16 开普通纸张制作，这个尺寸无疑过小，造成菜单上菜肴名称等内容排列过于紧密，主次难分，有的菜单甚至只有练习本大小，但页数竟有几十张，无异于一本小杂志。绝大部分菜单纸张单薄，印刷质量差，无插图，无色彩，加上保管使用不善，显得极其简陋、肮脏不堪。

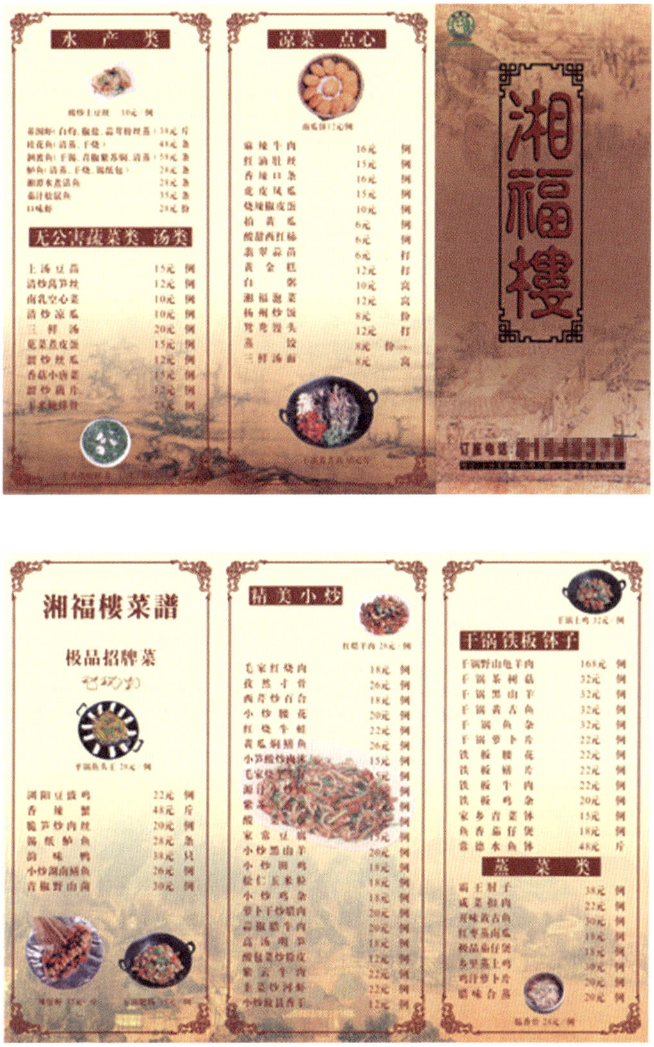

图 3－3 菜单示例

(3) 字体选择不当。不少菜单是打字油印本，即使是铅印本，也大都使用 1 号铅字。坐在餐厅不甚明亮的灯光下，阅读 3 毫米大小的铅字菜单，其感觉会很不舒服，况且油印本的字迹容易模糊不清。同时，大多数菜单字体单一，忽视了使用不同大小、不同字体等手法来突出、宣传重要菜肴。

(4) 随意涂改菜单。随意涂改菜单是菜单使用中最常见的弊端之一。涂改的方法主要有：用钢笔、圆珠笔直接涂改菜品、价格及其他信息；或用电脑打印纸、胶布遮贴。菜单上被涂改最多的部分是价格。所有这些，都会使菜单显得极不严肃、很不雅观，易引起顾客的反感。

许多中小型餐厅的菜单除了有上述常见问题外，有时还会出现文字介绍过于简单、菜单与菜品不符、人为省略或粗心遗漏某些信息等问题。这些对餐厅的经营都带来了不良影响，所以餐厅的管理者或经营者一定要注意对其查缺补漏，避免上述问题的出现，使菜单的设计和制作做到尽善尽美。

4. 菜单设计和制作的程序

对菜单进行制作和设计时，要按步就班、有条不紊地进行。其具体程序如图 3－4 所示。

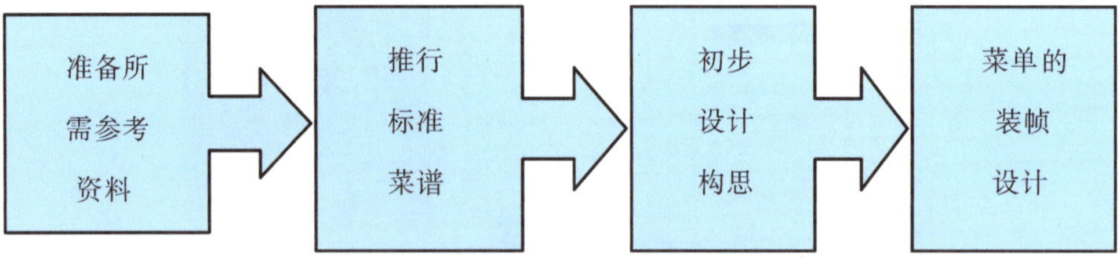

图 3－4　菜单设计步骤

（1）准备所需参考资料。需要准备的资料包括：

1）各种旧菜单，包括正在使用的菜单。

2）标准菜谱档案。

3）库存信息和时令菜单、畅销菜单等。

4）每份菜点的成本或类似信息。

5）各种烹饪技术书籍、普通词典、菜单词典。

6）菜单食品饮料一览表。

7）过去销售资料。

（2）推行标准菜谱。标准菜谱是指关于菜点烹饪制作方法及原理的说明卡，它列明了某一菜点在生产过程中所需要的各种主料、辅料及调料的名称、数量、操作方法，每份菜品的分量和装盘工具及其他必要的信息。利用标准菜谱不仅有利于计算菜肴成本，同时使经营人员充分了解菜点的生产和服务要求，也有利于达到产品质量标准化的目的。

（3）初步设计构思。刚开始构思时，最好选用一张空白表格，把可能提供给顾客的菜点、饮料、酒水等先填入表格，综合考虑各项因素后再确定菜单的内容。

（4）菜单的装帧设计。在对菜单进行装帧设计时，可召集有关广告宣传、美工、有经验的厨师及相关管理人员，对菜单的封面设计、式样选择、图案文字说明等工作进行讨论。

但是无论哪个步骤，都必须把顾客的需求放在第一位，优先考虑他们的消费动机和心理因素，然后以此为依据，做好各工作。